U0448689

2021年3月7日，在人民大会堂参加全国政协十三届四次会议全体会议

↑ 2015年3月2日，做客新华网《两会会客厅》
↑ 2016年11月20日，参加河南洛宁支教活动

↑2018年12月22日至23日，参加纪念改革开放40周年教育改革发展研讨会期间与小记者交流
↑2019年3月5日，参加中国网访谈

↑ 2021 年 7 月 18 日，在北大附中参加"成长中的教育家"活动
↑ 2021 年 9 月 7 日，在长春新教育学习中心考察

朱永新教育作品

做一个行动的理想主义者
——新教育小语

朱永新·著

漓江出版社
·桂林·

图书在版编目（CIP）数据

做一个行动的理想主义者：新教育小语 / 朱永新著
. -- 桂林：漓江出版社，2023.11（2024.4 重印）
ISBN 978-7-5407-9484-2

Ⅰ.①做… Ⅱ.①朱… Ⅲ.①教育研究 Ⅳ.
①G40-03

中国国家版本馆 CIP 数据核字（2023）第 125338 号

做一个行动的理想主义者——新教育小语
朱永新　著

出 版 人　刘迪才
策划统筹　文龙玉
责任编辑　章勤璐
书籍设计　石绍康
营销编辑　俞方远
责任监印　黄菲菲

出版发行　漓江出版社有限公司
社址　广西桂林市南环路 22 号
邮编　541002
发行电话　010-85891290　0773-2582200
邮购热线　0773-2582200
网址　www.lijiangbooks.com
微信公众号　lijiangpress

印制　天津嘉恒印务有限公司
开本　710 mm×1000 mm　1/16
印张　17
字数　243 千字
版次　2024 年 1 月第 1 版
印次　2024 年 4 月第 2 次印刷
书号　ISBN 978-7-5407-9484-2
定价　68.80 元

漓江版图书　版权所有，侵权必究
漓江版图书　如有印装问题，请与当地图书销售部门联系调换

总　序

朱永新教授的作品集出版在即，他要我写一篇序，大概是因为他看到我对教育也很关注，又不时地发表点看法的缘故吧，或者因为他和我都是马叙伦、周建人、叶圣陶、雷洁琼等民进前辈的后来人——我们是中国民主促进会的成员。不管他是怎么想的，我出于对他学术成就的敬佩，也出于对比我年轻些的学者的喜爱和对教育事业的兴趣，便答应了，尽管我不是这个领域的专家。不过这样也好，以一个时时关心业内情况的外行人眼光说说对这套作品集和作者的看法，或许能更冷静些，更客观些。

我曾经说过，中国的教育人人可得而道之。因为教育问题太复杂，中国的教育问题尤甚。且不说中国以一个发展中国家不强的实力在办着世界上最大的教育，单是中国处于转型期，城乡、东西部间严重的不平衡和几个时代思想观念的相互摩擦、激荡，就可以说是当今世界绝无仅有的了。随着教育普及率的提高，对教育发表评论的人当然也越来越多，多到几乎家家户户都会时常议论。这样就给有关教育的研究提出了许多也许在别的国家并不突出的问题。我认为其中有两个问题最为要紧：一个是教育的问题牵一发而动全身，既不能就教育论教育，更不能只论教育的某一部分而不顾及其他，要区别于人们日常的谈论；另一个是教育学如何走出狭小的教育理论圈子，让更多的人理解、评论、实践，也在更大范围内检验自己的理论是否能为群众所接受，以免专家和社会难以搭界。朱永新教授的这套作品集，恰好在这两个问题上都给了我很大的欣慰。

在这套作品集中，他从国际国内、政治经济、文化社会、古往今来的广阔视野来考察、思索中国的教育问题；他的论述几乎遍及受教育者所经历的整个教育过程；大到教育的理念、原则，小到课程的改革、课外的活动，他都认真思考，系统调查，认真实验，随时提升到理论层面；与教育学密切关联的心理学，在研究中国教育的同时展开的对国外教育的认识和分析，也是他涉及的范围。

朱永新教授并不是一位"纯"学者，虽然教育理论研究永远是他进行多头工作时在脑子里盘旋的核心。他集教师、官员和研究者三种角色于一身，随着自己孩子的出生和成长，他又多了一个家长的身份。这就使他不可能只观察研究教育体系中的某一段或某一方面，而必须做全方位、多角度、分层次的研究。他是中国民主促进会中央委员会副主席，作为同事，我见过他极度疲劳时的状况，心里曾经想过，这是天将降大任于是人的考验，还是他"命"当如此，不得不然？其实，这正是给他提供了他人很难得到的绝好的研究环境和条件：时时转换角色，就需要时时转换思维的角度和方法，宏观与微观自然而然地结合，积以时日，于是造就了他独特的研究方法和风格。

我们对任何事物的研究，如果只有理性的驱动，而没有基于对事物深刻认识所生发出来的极大热情，换言之，没有最博大的挚爱，是难以创造性地把事情做得出色的。朱永新教授对教育进行研究的特点之一就是全身心地投入。身，有那三种角色和一种身份，自然占据了他所有的时间和精力；心，是不可见的，但贯穿在他所有工作、表现在他所有论著中的鲜明爱心，则是最好的证明。

他说"教育是一首诗"。他常用诗一般的语言讴歌教育，表达他的教育思想：

教育是一首诗／诗的名字叫热爱／在每个孩子的瞳孔里／有一颗母亲的心

教育是一首诗／诗的名字叫未来／在传承文明的长河里／有一条破浪的船

如果是纯理性的，没有充沛的、不可抑制的感情，怎么能迸发出诗的情思？但他不是浪漫派。他本来已经够忙的了，却又率先自费开通了教育在线网站，开通了教育博客和微博，成了四面八方奋斗在教育改革前沿的众多网民的朋友。每天，当他拖着疲乏的脚步回到家后，还要逐篇浏览网站上的帖子和来信，并且要一一回应。有人说，这是自找苦吃。但他认为，这是"诗性伴理想同行"，是"享受与幸福"。他曾经工作生活在被颂为"人间天堂"的苏州，那里早已普及了十二年义务教育，现在正朝着普及大学教育的目标前进，但这位曾经主持全市文教工作的副市长，却心系西部，为如何缩小东西部教育的差距苦苦思索，不断地呼吁……他何以能够长期如此？我想，最大的动力就是那伟大的爱。

情与理的无缝衔接，正是和把从事教育工作及理论研究单纯当作职业的最大区别，而且是他不断获得佳绩、不断前进的要素。

教育是人类社会得以延续发展的根本保障。人之所以为人，区别于其他动物，从某种意义上讲，就是因为通过不同渠道，接受了不同程度和内容的教育。就一个国家而言，教育则是保障发展壮大的基础性工程。这些，都已经成为人们的共识。但是，教育又是极其复杂庞大的体系，需要大批教育理论专家、管理专家。身在其中者固然自得其乐，但是，在局外人看来，教育理论的研究是枯燥的、艰难的，有许多的教育学著作也确实强化了人们的这种感觉；管理工作给人的印象则是繁杂的、细碎的。这种感觉和印象往往是理论工作者、管理工作者和广大的教育参与者（包括家长、学生和旁观者）之间产生隔膜的原因之一。社会需要集理论研究和管理于一身，而且能把自己对教育的挚爱传达出去的学者，与人们一起共享徜徉在教育海洋里的愉快和幸福。但是，现在这样的学者太少了。是我们对像教育理论这样的人文社会科学的所谓"学问"产生了误解，以为只有用特定的行业语言，包括成堆成堆的术语和需要读者反复琢磨才能弄清楚的句子才是学术？还是善于用最明了的语言表达复杂事物的人还不多？抑或是教育理论的确深奥难测，必须用"超越"社会习惯的语言才能说得清楚？而我是坚信真理总是十分朴实、十分简单这样一个道理的。真正的大家应该有能力把深刻的思考、复杂的规律用浅显生动的语言表述出来，历史上不乏其例。

作为一名教育理论家，朱永新教授正在朝这一目标努力着，而且开始形成了自己的风格：论述、抒情、问答并举，逻辑严密的理性语言、老百姓习惯于说和听的大白话、思维跳跃富于激情的诗句兼而有之，依思之所至、情之所在、文之所需而施之。有的文章读时需正襟危坐，有的则令人不禁击节而赏，有的还需反复品味。可贵的是，这些并非他刻意为之，而是本性如此，自然流露。这本性，就是他对教育事业的爱，归根结底是对人民的爱。

在某一种风格已经弥漫于社会，许多人已经习惯甚至渗透到潜意识里的时候，有另外一种风格出现，开始总是要被视为"异类"（我姑且不用"异端"一词）。我不知道朱永新教授是不是也有过这样的经验。我倒是极为希望他能坚持下去，即使被认为"这不是论文"也不为所动，因为学术生命的强弱最后是要由人民来判断，而不是仅仅由小小的学术圈子认定的。我还希望他在这方面不断提高锤炼，让这股教育理论界的清风持续地吹下去。

教育，和一切与人民生活紧密相连的事物一样，都要敏感地紧跟时代的步伐，紧贴人民的需求，依时而变，因地制宜。如今朱永新教授的作品集改版并增补，主要收录了他从踏入教育学领域至2023年的论著。这从一个侧面反映了我国改革开放以来教育领域理论研究与实践的过程。"战斗正未有穷期"，在过去和未来的日子里，有层出不穷的教育问题需要解决，因而需要不停顿地观察、思考、研究。我们的教育学，就在这个过程中发展成长；有中国特色的教育学，也许就将在这一时期内形成。朱永新教授富于创造——"永新"自当永远常新，他一定会抓住这百年难逢的机遇，深化、拓展自己的研究，为中国教育事业、为中国的教育理论多奉献自己的才干和智慧，再写出更多更好的篇章。

我们期待着。

兹忝为序。

许嘉璐

写于2010年12月14日

修改于2023年4月29日

于日读一卷书屋

（作者为第九届、第十届全国人大常委会副委员长，著名语言文字学家）

小小的心愿（卷首诗）

本来我只想

要一个小小的苹果

你却给了我整个的果园

本来我只想

要一朵白色的云彩

你却给了我整个的天空

本来我只想

要一方半亩的土地

你却给了我整个的世界

生活对我如此慷慨

生命对我如此馈赠

一个小小的心愿

从此有了一个大大的梦想

生活对我如此慷慨

生命对我如此馈赠

一个小小的心愿

让所有的生命幸福完整

目 录／Contents

第一辑　让孩子创造自己

002 ／ 第一章　　教育必须为孩子的生命奠基

009 ／ 第二章　　过一种幸福完整的教育生活

018 ／ 第三章　　教育是心灵的艺术

028 ／ 第四章　　教师是学生生命中的贵人

035 ／ 第五章　　一个好校长就是一所好学校

039 ／ 第六章　　父母是孩子的第一榜样

049 ／ 第七章　　陪伴比"供养"更重要

059 ／ 第八章　　播种美好才能收获美好

067 ／ 第九章　　童年的长度需要国家的高度

079 ／ 第十章　　真正的教育在于唤醒

084 ／ 第十一章　父母成长了，孩子才能成长

090 ／ 第十二章　家校共育，实现完美教育

第二辑　梦想因阅读而生

096 ／ 第十三章　一个人的精神发育史就是他的阅读史

116 ／ 第十四章　美好的童年一定有好书相伴

128 ／ 第十五章　一个温暖的家庭处处溢满书香

137 ／ 第十六章　一个没有阅读的学校永远不可能有真正的教育

150 / 第十七章　一个书香充盈的城市必然是一个美丽的城市

157 / 第十八章　一个民族的精神境界取决于这个民族的阅读水平

166 / 第十九章　同一本书，同一个世界

第三辑　人生没有最高峰

176 / 第二十章　做一个行动的理想主义者

186 / 第二十一章　不怕苦，才不会一直苦

195 / 第二十二章　自省到底有多重要

204 / 第二十三章　选择造就迥异的人生

212 / 第二十四章　保持强烈的好奇心

221 / 第二十五章　做一个宽容的人

231 / 第二十六章　人生的态度决定人生的高度

248 / 参考文献

250 / 主题索引

255 / 后　记

259 / "朱永新教育作品"后记

第一辑
让孩子创造自己

第一章　教育必须为孩子的生命奠基

问题不在于教他各种学问，而在于培养他爱好学问的兴趣，而且在这种兴趣充分增长起来的时候，教他以研究学问的方法。[①]

——卢梭

教育是第一基础

科技是第一生产力，人才是第一资源，创新是第一动力，教育是所有第一的第一基础。我们的社会处在转型时期，面临着一场深刻的变革。教育具有先导性、基础性作用，也必然要顺应这场变革的需要进行自身改造。我们应该有历史责任感，应该有所作为。

教育必须为孩子的生命奠基

教育是培养人的事业，教育必须为孩子的生命奠基。

教育最重要的任务，是塑造美好的人性，培养美好的人格，从而创造美好的人生，最终形成美好的社会。判断教育好坏，推进教育改革，都应该从这个原点出发。

---

① 卢梭:《卢梭全集》，商务印书馆，2012。

把教育的常识变成社会的共识

一个国家的教育水平，取决于这个国家的全体公民对教育的关注与理解程度。教育是社会的缩影。批评教育时，不能忘记反思教育赖以生长的环境。

我们的教育应该进行一次启蒙，让真正的优秀教育理念走进民间，把教育的常识变成社会的共识，是我们的重要使命。

教育学是关于人的学问

教育学是关于人的学问。教育现在要做的，就是给教师和学生一种开阔的视野，让他们对人的内心的复杂性有更为深切的体验，不但要了解生命的伟大和宇宙的博大，而且要感受生活的丰富与人性的丰厚。

教育实际上是一个大的概念，是包含了人类生存、生活、发展的全部过程的一个概念。教育的根本目的是使人"文化"进而"人化"。

好教育让每个人成为英雄

每个人都应该是英雄。应试教育却只有一个标准答案，永远只能造就一个英雄。每个人都有自己的潜能、特点，都能够做出适合自己的事业。

好的教育，应该让每一个人都能够发现自己，找到自己，成为自己。

教育的真正使命

我们的教育已经忘了自己真正的使命——

帮助人拥有幸福的人生，

帮助社会不断走向崇高，

帮助人类生活得更加美好。

拥有一个健康、快乐的心灵比什么都重要。

如果我们的教育真正播下了善良的种子，如果我们的教育真正坚守了自己的理想，如果我们的教育把人性而不是把分数作为追求，不仅我们的教育会是另外一番境况，我们的社会，自然也是另外一种景象。

人是教育的对象

世界上受遗传力量支配最小、受教育力量影响最多的生物，是人。

让人类不断超越自己，而不必像其他生物只知复制自己的力量，是教育。

爱是教育的底色

爱是教育的底色。

教育是充满智慧和灵性的爱。无论在学校还是在家庭中，只有平等的心灵沟通，才会产生真正的教育。教育只有真正走进孩子的心灵，才能够引领孩子，影响孩子，改变孩子。

教育不能缺少诗意和美感的涌动

缺少诗意和美感的涌动，孩子就不可能得到充分的智力发展。功利性行为会严重遏制孩子的创造欲望，阻碍创造能力的培养。

应该让孩子迈着轻松的脚步，怀着纯洁的童心步入美的殿堂，因为美育的主要目的不是培养某种吹拉弹唱的技能，而是要培养人的一种良好的文化生活习惯。

体育既需要体力又需要心力

体育不仅需要体力，同样需要心力。

体育考验运动者生理负担的承受能力，更考验运动者的心理负担能力。体育是培养学生竞争意识的有效手段，又能培养个体之间的合作意识，并求得两者间的内在统一。

职业教育首先是人的教育

职业教育首先是人的教育，其次才是职业的教育。

现在职业教育过分强调了技术、技能的训练，而忽视了做人的教育、职业精神的培养。

这就容易使职业教育走向纯粹的技术主义的路线。理想、信任、责任、合作、专注、诚实等品质，也应该是职业教育的内容。

理想教育的境界

我们的教育在造就少数"成功者"的同时，造成了大批失败者，把许多纯真烂漫、各有所好的学生，变成了心灵自卑、个性萎缩的"精神侏儒"。

理想的教育，应该达到这样的境界：

> 让每一个学生扬起生命的风帆，
> 让每一个老师享受成长的幸福，
> 让每一个父母品尝成功的喜悦。
> 理想的教育应该是民族的福祉，
> 让每个人接受从生到老的全程教育，

让每个人体验到地球村的绝景佳色，
让每个人生活在宁静与和平的永恒时空。

教育是文化的"选编"

教育的过程也是文化"选编"的过程。

通过教育，对自己的文化进行辨别、选择，去芜取精，传授给下一代，让文化借生命得以创新、更新，让生命因文化而广博、浩瀚。

教育的传统与现代

教育的超越是必然的。现在的人看前人，总能发现许多问题。前人并不因此而变得愚蠢和渺小，我们更不应该为发现前人的问题而自以为伟大和聪明。最好的境界是拥有一颗虔诚的心去发现前人的问题。

教育的传统与现代，始终是一个相对的概念。忘记过去意味着背叛，忘记过去的教育，会失去教育的真正意义。忽视当下意味着盲目，忽视当下的教育，会失去教育的真正价值。

教育是人生中的绿洲

绿洲，是沙漠里有水草的地方，是生命之洲。
教育，则是人生中的绿洲——

给孤寂的人以温暖，
给贫病的人以滋养，
为疲惫沉重的心
指出一条通往家园的路。

教育是一种唤醒

教育是一种唤醒。

每一个生命都是一粒神奇的种子，蕴藏着不为人知的能量。教育能够唤醒沉睡的心灵，唤醒良知和智慧，唤醒蕴藏的美好与神奇。

教育就是成长

教育就是成长。

当教师体会到与学生一起成长的幸福，与学校一起成长的快乐，才会从琐屑的教学生活中发现教育的价值、生命的意义。

教育不是灌输，而是挖掘。善于发现学生的各种潜能、兴趣、特长，给予最大限度的支持，鼓励而不代替，呵护而不包办，帮助学生把可能性变为现实。

为了一切的人，为了人的一切

教育的理想是为了一切的人，无论是城市的还是乡村的，富贵的还是贫贱的，聪慧的还是笨拙的。

教育的理想是为了人的一切，无论是品德的还是人格的，生理的还是心理的，智力的还是情感的。

分数只是好教育额外的奖赏

新教育人经常说，我们不追求分数，但我们不害怕考试。

教育要追求高品质，其中包括理想的考试成绩，但教育的成果绝不仅仅是分数。教学生如何做人是教育的最高目标，分数只是好教育额外的奖赏。

当分数和就业成为教育至高无上的追求，教育就已经堕落得失去了底线。

教育是播种理想的事业

我们经常低估了教育的力量，低估了理想的价值。教育是播种理想的事业。坚守理想、坚持行动的人，必将收获生命的奇迹。

我们只有自己拥有教育理想，才可能把理想的种子播到学生的心中。只有我们的孩子心怀理想，我们的民族才会有希望。

青山有待，岁月催人。如果在教育中都没有理想，那么这个世界还会有什么理想呢？

教育的魅力

教育，能把人的创造力、想象力和全部智慧、能量发挥到极限，而且永无止境。它还不值得你去爱吗？！

第二章　过一种幸福完整的教育生活

纸上得来终觉浅，绝知此事要躬行。
——陆游

新教育的彼岸

新教育的彼岸是什么模样？
我想，彼岸是一群又一群长大的孩子，从他们身上能清晰地看到：

> 政治是有理想的，
> 财富是有汗水的，
> 科学是有人性的，
> 享乐是有道德的。

让师生过一种幸福完整的教育生活

教育应该面向未来，但更应该面对当下。
教育本身就是生活，教育就是生活的方式，是行动的方式。
教育在作为促进美好生活的一种手段的同时，它本身就应该是目的，应该让所有与教育发生关系的人，尤其是让师生过一种幸福完整的教育生活。

让人成为最好的自己

中国教育现在是有许多弊端，也应该抨击，但仅仅是怒目金刚式的斥责和鞭挞，虽然痛快却无济于事。不如通过建设来进行批判，只有建设才是真正深刻而富有颠覆性的批判。

新教育实验就是寓批判于建设之中，教育生活应该是幸福的，而不是痛苦的；应该是完整的，而不是畸形片面的。让人成为他自己，一个完整的自己，一个最好的自己，这是教育的最高境界。

新教育永远等待、拥抱理想主义者

新教育追求高度，但永远不会高高在上；新教育培养卓越的教师，更关注普通的教师；新教育不是一个精英俱乐部，而是一个宽容开放的团队。新教育始终敞开胸怀，永远等待、拥抱理想主义者！

新教育是一种动态的、面向未来的教育

新教育实验中的"新教育"更多的是一种哲学的解读和表达。这个"新教育"有两个基本特征：它是一种富有辩证法精神的教育，它是一种动态的、面向未来的教育。

教育实验改革是一项非常长久的工程，需要通过一代人去影响另一代人。不能急于求成，不能故步自封，一定要学会等待，一定要耐得住寂寞。新教育更不例外。

新教育精神

新教育精神就是：追寻理想的执着精神、深入现场的田野精神、共同生

活的合作精神、悲天悯人的公益精神。

心中有理想，扎扎实实植根于田野之中，怀着一种合作的精神，努力推动公益的事业，去成就我们的人生、我们的教育、我们的民族。这就是新教育精神的本质内涵。

真实的新教育永远在田野中

新教育实验首先是观念、思维和方法的刷新，就是通过浪漫精神的引导来塑造个性的心灵，通过理想信仰的生成来积淀人性的底蕴。

真实的新教育，永远在田野中，在千千万万默默无闻的普通老师的教室里。

新教育的五大理念

新教育的五大教育理念：与人类的崇高精神对话；无限相信教师与学生的潜力；教给学生一生有用的东西；重视精神状态，倡导成功体验；注重个性发展，建设特色学校。

新教育的四大追求

新教育追求的目标四位一体：成为学生享受成长快乐的理想乐园，成为教师实现专业发展的理想舞台，成为学校提升教育品质的理想平台，成为新教育共同体的"精神家园"和共同成长的"理想村落"。

新教育努力实现四大改变：一是改变教师的行走方式，二是改变学生的生存状态，三是改变学校的发展模式，四是改变教育的科研范式。

新教育教师专业发展的"吉祥三宝"

新教育以教师专业发展为起点,倡导教师学会通过专业阅读,站在大师的肩膀上前行;通过专业写作,站在自己的肩膀上攀升;通过专业交往,站在集体的肩膀上飞翔。这是新教育教师专业发展的"吉祥三宝"。

阅读,让教师更有智慧

阅读,会让教师善于思考,远离浮躁,从而让教师更有教育的智慧,教育也就因此从容而美丽。

新教育主张知性阅读。阅读者通过对书籍的阅读、梳理、批判、选择,在反复对话中,将书籍中有价值的内容吸纳、内化到阅读者的结构之中,从而使原有结构得到丰富、优化或者重建。这是一种带有咀嚼性质的研读。

教师读书不仅是寻求教育思想的营养、教育智慧的源头,也是情感与意志的冲击与交流。

从教育家的著作中,教师可以学习的东西有很多。有心的教师懂得认真阅读教育的重要文献,认真学习不同时代教育家的人生理想与人格力量。

教师的专业写作史,就是他的教育史

一个教师的专业写作史,就是他的教育史。

我们的教育生活由无数碎片组成,往往形成破碎的未经省察的经验,使教育教学在比较低的层面上不断重复。专业写作能有效地对经验进行反思,从碎片中提取有意义的事物并加以深化理解,形成真正的经验融入教育生活,使之成为我们专业素养的一部分,使我们的教育实践更加富有洞察力。

"写"只是形式,以"写"带动的是阅读,是思考,是实践。阅读滋养

底气，思考带来灵气，实践造就名气。人是需要被带动、被激励的。

师生共写，才能共同编织有意义的生活

让师生共写，才能共同编织有意义的生活。从心底里流淌出的是文字的精灵，是丰富的情感，是思想的火花。学生如此，教师也如此。

写得精彩必须做得精彩，活得精彩

写作，不仅是训练思维的有效途径，也是帮助人们拥有美好人生的重要路径。因为，写作犹如烧菜，没有原料，再好的厨师，也无法烹饪出精美的大餐。为了写得精彩，必须做得精彩，活得精彩。

思想、语言、文字，其实是同一件事情的三种形式。思考需要工具，谈话与写作，是思考的真正开始。

生活的丰富性决定了写作的丰富。生活充实到什么程度，文字就会充实到什么程度。写作技巧，相当于烹饪的作料。有了它，可能味道更加鲜美；没有它，也可以做出原汁原味的好菜。

做最好的自己，永远是最简单而正确的逻辑

自我教育与团队影响，是教育的两个重要途径。两者本身也密切联系。每个人都像一个发射器，向共同体中的每个人发射自己的能量。所以，做最好的自己，永远是最简单而正确的逻辑。

中国文化是新教育的根基和创造之源

自觉地把中国文化作为自己的精神家园，作为我们教育的根基和创造之源——

通过努力来推动文化的自我创生，

通过行动活出中国文化的根本精神，

通过每一个新教育人的文化自觉，

让中国文化这条河流，

经由我们自己这个湍急的隘口，奔涌前行。

"过一种幸福完整的教育生活"是新教育实验学校的立校之魂

个体生命和共同体生命的良好状态，是新教育绝对的原点。

而倡导"过一种幸福完整的教育生活"，就是为了能够最大限度地实现这种良好的生命状态。

我们把它作为新教育实验学校的立校之魂、兴校之本、强校之基。

"底线+榜样"是新教育的管理铁律

"底线+榜样"是新教育实验的管理铁律。底线是最基本的要求，这要求甚至低到不做到就说不过去。榜样是最大限度超越底线的人，管理的秘诀在于总是表扬从这个底线中涌现出的榜样。用榜样激励新的榜样，以故事引发新的故事，让细节推动新的细节。

"底线+榜样"是一个不可拆分的联合体，彼此依存，相互促进。底线一定要保证所有人都做到，否则失去意义；榜样一定要关注、倾听与言说，否则浪费价值。底线一定要有检查与奖惩，否则会流于形式；榜样一定要有扶持与展示，否则会失去动力。

理想课堂有三重境界

新教育的理想课堂有三重境界：一是落实有效教学框架，为课堂奠定坚实的基础；二是发掘知识内在的魅力；三是知识、社会生活与师生生命产生共鸣。

缔造完美教室

缔造完美教室，就是要求我们下最平凡的苦功夫，做最不平凡的大事情。就是师生汇聚在伟大事物的周围，穿越在伟大事件之中，就是将生命倾注、融合在一间教室里，编织诗意的生活，最终让教室里的每一个生命走向卓越。

生活于同一间教室里的人，应该是一群有着共同梦想，遵守共同标准的志同道合者。他们彼此为对方的生命祝福，彼此珍惜生命中偶然的相遇，彼此郑重做出承诺，共同创造一间完美的教室，共同书写一段生命的传奇。这群人，包括所有参与其间的师生和父母。

让知识拥有生命的温度

教室是河道，课程是水流，两者相得益彰，才会涌现教育精彩。课程以人为中心，是师生生命成长的历程。课程不是一堆知识的罗列，而是让知识拥有生命的温度，通过一组生命体验的过程，让我们成为具有德行、审美、情感、智慧和能力的人。

卓越课程，就是最大限度地实现人幸福完整的可能。

新教育人的生命朝向

新教育说"过一种幸福完整的教育生活""书写教师的生命传奇""构筑理想课堂""缔造完美教室""研发卓越课程"……这里的"幸福完整""传奇""理想""完美""卓越"等词，都不是对现在的描述，而是新教育人的一种价值追求，一种生命朝向，一个未来期待和一个庄严承诺。永远朝向这个目标和境界，是我们新教育人的使命与责任。

相信种子，相信岁月

对于教育的信任、信心、信念、信仰，是新教育文化的根本精神，也是新教育文化的基本特征。教师拥有了这样的"信"，就能书写自己的生命传奇；师生拥有这样的"信"，就让教育拥有了灵魂。

"相信种子，相信岁月。"如果说种子意味着希望、愿景，那么岁月就是坚守，就是意志。相信，表达了新教育人对于世界，对于生命的一种根本的信任，对于教师职业的一种最终的体认和认同。

只有对新教育实验的认识从"概念"向"信念"推进，由"理想"转向"思想"引领，激发出人们深沉的情感、执着的意志，从精神世界的积淀表现为主体的自觉行动时，新教育实验才可能真正成为人生力量和教育智慧的策源地。

新教育的九大定律

新教育有九大定律：态度决定一切，说你行你就行，体罚近乎无能，读书改变人生，课堂属于学生，性格主宰命运，特色就是卓越，理想创造辉煌，爱心产生奇迹。

行动就有收获，坚持才有奇迹

行动就有收获，坚持才有奇迹。

用一双焦虑的眼睛关注新教育，就会有新的梦想。用一双敏锐的眼睛审视新教育，就会有新的谏言。用一双明亮的眼睛期待新教育，就会有新的信心。新教育，取决于我们用怎样的眼去看，怎样的心去想，怎样的力量去行动。

我们不是人类文明的创始者，但人类文明可以通过教育的伟大理想穿越时空，通过我们今天的行动变为现实。

新教育不求无懈可击的理论体系，而是强调行动起来，在实践中思考，在实践中提升，在实践中成长。重行动，不空谈，用事实说话。一个个普通的日子，一个个教育的日子，因行动而从此灿烂！

新教育的十大行动

新教育有十大行动：营造书香校园，师生共写随笔，聆听窗外声音，培养卓越口才，构筑理想课堂，建设数码社区，推进每月一事，缔造完美教室，研发卓越课程，家校合作共建。

第三章　教育是心灵的艺术

我们所需要的是儿童整个的身体和整个的心灵来到学校，并以更圆满发展的心灵和甚至更健全的身体离开学校。①

——杜威

最好的教育是润物细无声的

无论是孩子，还是成人，都不希望自己"被他人教育"。最好的教育是在潜移默化中实现的。亲爱的父母，即使你们的教育是正确的、合理的，也尽可能不要用强制的、灌输的方法，不要居高临下、我说你听、我打你挨，而要用朋友式的口吻，在讨论和交流、游戏和活动中进行。

为童年时光留白

童年应该放飞孩子的心灵，让孩子拥有足够的时间和空间去想象、追问、思考、探索、游戏，不断帮助孩子发现自己、成就自己。无论是学校里的"满堂灌"，还是家庭里的各种高压做法，都不符合儿童身心成长规律，都从根本上阻碍着儿童的成长。

---

① 约翰·杜威:《杜威全集》，华东师范大学出版社，2010。

孩子有尊严，成长更健康

在人的内心世界中，自尊心的确是最敏感的一个角落，这里一旦受到创伤，即便伤口愈合仍会有疤痕。尊重孩子的隐私，让孩子拥有属于自己的尊严，孩子就能够健康地成长。反之，孩子就会变得叛逆、粗野、暴躁。

孩子是未来的人

孩子总是要长大的。只有把孩子看成是未来的人，才能和孩子平等沟通，才能把眼光放得更为长远，致力于教给孩子一生有用的东西。有人说要学会"蹲下身子"与孩子交往。其实，是否蹲下只是一个动作，关键是要能够真正地与孩子平等交流，把他作为一个有自己的思想与价值观的"未来的人"。只有平等交流，才能收获未来的人。

处处帮助恰恰是处处束缚

父母最需要做的事情，不是搂着孩子，拴住孩子，更不是害怕孩子离开自己后遭遇种种艰难。那样，孩子反而会寸步难行，将有碍于孩子的成长。给孩子自由吧！但要记住自由不是让孩子为所欲为，而是给孩子独立的空间和时间，让孩子释放自己的能量，亲自探索这个对他们来说充满神奇的未知世界。

无处不在的帮助，便是无处不在的束缚。

别让孩子的童年变成 100 岁

有人说，100 分把童年变成 100 岁。唯分数式的教育不仅让教育失去了目标，也让孩子失去了童年。在"不让孩子输在起跑线上"的幌子下，许多父母纷纷把孩子赶进了补习班、训练场，远离了大自然，远离了游戏，远离了欢乐，远离了童话、童心。

让孩子对这个世界充满好奇、热爱，比什么都重要。要知道，最好的老师是兴趣，是热爱，是好奇！

问题越打越多

教育是心灵的艺术，让孩子承受皮肉之苦永远解决不了心灵的问题。棍棒是所有教育手段中最不应该使用的办法。体罚是父母的无能。棍棒让孩子失去尊严，让孩子产生恐惧，让孩子模仿暴力，让孩子产生对立，让孩子失去自信。问题越打越多：做人的自尊心一旦被摧毁，孩子将很难真正地站立起来。

千万不要让棍棒打掉孩子的自尊与自信。

让孩子做自己世界的主人

我们的社会其实是一个以成人为中心的社会。儿童世界也是根据成人世界的样子建设的，而这样的世界对于孩子来说是未知的。应该努力为孩子创造一个适合他们的环境，让他们感觉他们是自己世界的主人。

让孩子做自己世界的主人，这对孩子的成长至关重要。

要允许孩子"试错"

尊重孩子，放手成长。培养独立自主意识，是对每个父母的基本要求。成长是个"试错"的过程。孩子幼小的心灵像稚嫩的幼芽，很容易受到伤害。如果说错一句话，做错一件事，就受到父母的严厉批评，以后就再也不敢说、不敢做了，这些都会阻碍孩子的成长。

明智的家长，会让孩子在"试错"中成长。

教育需要人格平等

"家长",从某种程度上来说,其实是个贬义词,含有家长制、非民主的意思。我们常常居高临下地对待孩子,以家长自居:"你是我生的,我让你听,你就得听,我让你做,你就得做!"如此,家庭教育缺失了人格平等,缺少了精神交流,孩子又怎能健康成长?专制的结果,只能是"畸形之果";平等的交流才能有健康的成长。

爱,是有节制的

在满足孩子的需要时,父母应该注意分寸;帮助孩子完成任务时,父母应该有所节制。父母不能把孩子变成牵线木偶,让孩子任由自己掌控,也不能成为孩子的傀儡,任凭孩子摆布。

无节制的爱,特别容易结出"恶之果"。

给孩子真正的自由

让孩子集中精力、潜心思考,让孩子自由想象、自主探索,是教育的重要原则。与儿童的智力发展一样,"自由"也是儿童道德发展的重要前提。儿童的勤奋、持之以恒以及忍耐等美德,都是在习惯性的平静气氛中显露出来的。而要创造这样的气氛,关键是能够解放孩子,给孩子真正的自由。

父母只需创造适合孩子优秀品格成长的环境就够了。

用心了解才是开始

孩子本身就像是内心敏感的心理学家。他们能细致入微地观察父母的一言一行、一举一动,能感觉到你是真诚用心还是虚情假意。所以对待孩子要真诚，更要用心，要学会观察孩子最细微的内心活动，了解孩子最根本的心理需要。走进才会尊敬，同心才能了解，了解才会理解。

把儿童真正当作一个人来看待

蒙台梭利说："在旧式教育和一些鲜为人知的教育方式中，孩子并未被视为真正的人。"[①]在传统教育中，儿童还不是一个完整意义上的人，成人也没有真正把儿童作为一个人来看待。

儿童是面向未来的人，一个成长中的人，也是一个活在当下的人。

理解孩子，才能尊重孩子

尊重孩子正在进行的合理活动，是家庭教育的重要原则。在任何情况下，相信孩子、尊重孩子，是教育的起点，而这一切，是建立在理解孩子的基础之上的。否则，相信就可能变成盲目信任，尊重就可能成为纵容。因此，孩子的活动是否合理，是需要父母了解一定的儿童心理学后再进行分析判断的。

做合格的父母，请先理解孩子，尊重孩子。

教错不如不教

教育历来是一把双刃剑。好的教育能够使人越来越聪明，坏的教育则使人越来越愚蠢。这是为人父母和老师应该自觉意识和努力警惕的问题。我们至少不应该成为儿童好奇心与求知欲的"刽子手"。

---

① 朱永新：《蒙台梭利教育箴言》，中国人民大学出版社，2016。

批评时别伤孩子的自尊

保护孩子的自尊心，培养孩子的自信心，并不意味着对孩子的错误迁就纵容，视而不见，听若不闻。相反，父母应该及时指出并帮助孩子消除这些不好的东西。在爱与关心的基础上，对孩子进行讨论式的善意批评，不仅更容易被孩子接受，同时也能呵护其自尊心，增强其自信心。而自信恰恰是人生成长中最重要的品格。

向儿童学习

我们经常认为自己曾经从儿童来，儿童的世界就是一个幼稚的世界。其实，成人的世界与儿童的世界相比，未必就更加成熟，更加伟大。于是李贽提出"童心说"，激赏儿童的纯净明亮；毕加索希望自己像儿童一样画画，每一个孩子都是天生的艺术家。所以，要学会理解儿童，尊重儿童，向儿童学习。

与孩子一起认识真实世界

孩子的心灵是脆弱的，所以我们要把人类最美好的情感和事物呈现在他们面前。如何让孩子在发现美好的同时了解社会存在着丑陋，在认识真实世界的同时仍然对美好充满信任与期待，是问题的关键。作为父母的我们应真正与孩子站在一起，真正平等地与孩子交流分享。告诉他们，这个世界尽管存在着种种不如意，甚至丑陋，但真诚、善良、爱心等品质，将会让这个世界变得美好起来。

己所不欲，勿施于人

由于父母和儿童生活在不同的世界里，彼此都不理解对方，所以父母与儿童的"战争"就不可避免地发生了。许多父母是真正的自我中心主义者：一切从自己出发，用自己的标准评判孩子的行为，把自己的意志强加到孩子身上。只要孩子的所作所为不符合自己的标准，就是孩子的不对，就呵斥，就限制。孩子便失去了生命的鲜活。

当孩子符合成人的标准，成为"小大人"时，孩子便失去了个性，从而也就失去了成长中最重要的想象力与创造力。

对待孩子，我们同样也需明白这样的道理："己所不欲，勿施于人。"

童心最美，童眼最真

有的时候用儿童的眼睛重新审视世界，是一件多么美好的事情。与儿童相处，不是让我们蹲下身子与儿童在一起，而是真正地变成儿童。用儿童的眼睛看世界，就是要求我们真正地去除成见，用一双好奇的、探究的、天真的眼睛重新打量世界，这样，你会发现一个全新的世界。用心去理解、感悟孩子的喜怒哀乐，你会发现一个美好的世界。

自由中成长，自然中创造

"自由"与"自然"是儿童教育的两个关键词。让我们记住蒙台梭利的劝告吧："去除各种束缚，让婴儿在恬静的状态下生活，让他们始终处于最大限度的安宁之中。"还孩子自由，孩子会还给你成长；还孩子自然，孩子会还给你创造！

做一个欣赏者和帮助者

越是尊重孩子，越是解放孩子，他们的创造力就越是能够得到释放。亲爱的父母，给孩子机会吧，帮助他寻找通往自己内心的道路吧，学会做一个欣赏者和帮助者吧！

欣赏者的坚持，会收获你所期望与欣赏的果实。

让孩子创造自己

儿童在创造自己的时候，类似于艺术家在创造一个伟大的作品，这个时候，任何粗暴的打断都可能让一个伟大的创造终止。亲爱的父母，在儿童出现各种任性、顽皮的行为时，首先不是责备他们、批评他们，而应该反思我们自己的行为。我们应当有这样的谦虚，孩子的世界其实你不懂。

儿童的潜力是不可估量的

你一定要相信孩子的潜力，你给他一个舞台，他就能给你一个精彩；你给他一点空间，他就能创造无数辉煌。亲爱的父母，尊重这种成长的力量吧，尊重儿童蕴藏着的创造力，从而更充分挖掘儿童的潜力。

相信孩子会带给你意想不到的惊喜。

了解和关注孩子的心理需求

教育应该满足人的多方面发展的需要，不能仅仅满足于分数，满足于考试，满足于就业，却忽视了人全面的成长，忽视了人心理的成长，忽视了孩子作为一个完整的人的需求。所以，新教育就是要关注人的幸福和完整。我们要了解和关注孩子的心理需求，并提供符合其成长需要的"完整人"的环境。

不完整的人，难言幸福。

孩子的幸福快乐是教育的最高目标

孩子往往被比自己强大很多的大人管束着。大人们应该记住，孩子的幸福快乐，应该是教育的最高目标。应该尽可能创造一个让孩子欢喜愉悦，与他们的性情相适应的生态环境。

不要打断孩子的专注

要使一个人专注，表面上看需要有驾驭时间的本领，其实更需要有控制心灵的艺术。在今天这个喧嚣、充满诱惑的时代，更需要修炼这种艺术。亲爱的父母，当孩子安静、专心地投入某一项活动中时，除非这项活动非常危险，我们不要轻易干扰他们。也许你的孩子正处在形成一项重要能力的过程中，那就是专注。

真正的学习是自愿自发的

教育应顺应孩子的天性，应该让他们在愉悦中快乐地吸收。教育应重视实践和体验，你不可能让所有的人都成为科学家……我们应该帮助孩子做自己想做的事情。亲爱的父母，一定要记住：只有孩子产生学习的内在需要时，真正的学习才能够发生。

真正的能力，只能从真正的学习中产生。

发现儿童成长的秘密

蒙台梭利说："人类的第一个老师是儿童本人。"我们还远远没有发现儿童成长的真正秘密。童年这个"黑匣子"只是刚刚发现了,但并没有打开。顺应儿童的"生命冲动和宇宙规律",根据"儿童的意志"去帮助儿童,才是教育最正确的选择。

放手孩子,见证奇迹

教育在宽松自由的环境中才会有良好发展,如果管控太多,孩子就会受到压抑,没有创造性。自由是一个必须严肃对待的关键问题。给予儿童充分自由,你便会成为一个儿童成长奇迹的见证者!

父母的赞许是孩子的希望

理想的父母应该永不对孩子失望,决不吝啬自己的表扬和鼓励,决不使用侮辱性批评。当孩子沮丧、失望时,父母的一个微笑、一个赞许都会激起孩子的强烈情感,扬起他们希望的风帆。

常常竖起大拇指,可以给孩子一个自信、积极、健康的心态。

第四章　教师是学生生命中的贵人

师也者，教之以事而喻诸德也。①
——《礼记》

教师是学生生命中的贵人

教师是学生生命中的贵人，而非匠人。匠人只教书，不育人；贵人不但教书，而且育人。

画家以绘画为生命意义之寄托，农人以在大地上耕作为生命意义之寄托，而教师，应把真正理解教育、做真正的教育作为生命意义之寄托。

教师是一朵美丽的花

教师不是春蚕。教师的生命在每一个季节。"作茧自缚""春蚕到死丝方尽"是多么凄凉！这显然不应该是现代教师的形象。

教师不是人类灵魂的工程师。人类的灵魂不可能是一台机器，让工程师任意修理，用某个工艺流程去塑造或者改变。而且，教师自己的灵魂又由谁去塑造呢？

教师不是蜡烛。把教师看成燃烧自己照亮别人的红烛，把学生发展的前提建立在牺牲教师的基础上，显然不妥当，而且很荒唐。

---

① 胡平生、张萌译注：《礼记》，中华书局，2017。

教师不仅仅是园丁，花无法影响园丁，只能给园丁带来感官的愉悦和工作的成就感。而学生对教师的影响是巨大的。教育过程是教师与学生互相作用的过程。教师自己本身应该是一朵美丽的花。

在神圣与平凡中行走

把教育看得过于神圣，会忽视它的平凡，远离它的真实。

把教育看得过于平凡，又会忘记它的神圣，丢弃它的使命。

教育的神圣，寓于平凡之中。教师究竟是什么？其实，教师就是教师。教师与学生是一对互相依赖的生命，是一对共同成长的伙伴。

教师每天在神圣与平凡中行走，为未来和现在工作。

教师首先是一个人，有自己的喜怒哀乐、油盐酱醋，他必须做好一个人，争取做一个大写的人，一个能够影响学生健康发展的人，一个永远让学生记住并学习的人。

教师是一个冒险甚至危险的职业

教师是一个冒险甚至危险的职业。

伟人和罪人都可能在他的手中形成。因此，教师必须如履薄冰，尽最大努力让自己和自己的学生走向崇高。

教师与学生是一枚硬币的两面

教师与学生是一枚硬币的两面，是两位一体：没有教师，学生的学习无从谈起；没有学生，教师的存在失去意义。

教育中所有遭遇的问题，既是学生的生命难题，也是教师面临的生命难题。

没有教师的发展，永远不会有学生的成长；没有教师的幸福，永远不会有学生的快乐。

师生的生命彼此辉映，互相照亮

教师不应该是悲壮的角色，应该是在教育的过程中，和孩子们一起享受教育生活，由此，师生的生命彼此辉映，互相照亮。

教师的方向就是国家和未来的方向

每位教师都应该说：
"我就是课程，
"我就是教育，
"我就是中国。"
每个人选择的方向，就是国家的方向，未来的方向。

教师的三种境界

教师有三种境界：
一是作为职业，视为付出劳动交换薪酬的谋生之所，他们或许兢兢业业却难有创造。
二是作为事业，视为实现个人价值的舞台，他们渴望来自他人的肯定。
三是作为志业，视为人生的最大理想，他们更希望与学生一起成长。

教师应该是天生不安分、永远会做梦的人

一个理想的教师，应该是个天生不安分、永远会做梦的人。
教育的每一天都是新的，每一天的内涵与主题都不同。
教师只有具有强烈的冲动、愿望、使命感，才能提出问题，才会自找

"麻烦"，也才能拥有诗意的教育生活。

一个优秀的教师，必须具有远大的理想，不断给自己提出追求的目标，同时又要有激情。

对一个成长中的教师来说，需要平静的思考，但更需要激情的燃烧。

教师应该不断地撞击成功

一名理想的教师，应该不断地追求成功、设计成功，更重要的是要撞击成功。

因为人来到世上并不知道他会成为什么样的人，只有去撞击每一个可能成功的暗点，才能擦出成功的火花。

发现自己的可爱和伟大之处

一个理想的教师，应善于认识自己，发现自己。生活中有一些人为什么丧失了激情？因为他发现不了自己的可爱之处和伟大之处。

一个人永远不会超过他追求的目标。同样，一个人也永远不会超过对自己的评价。

先生首先是学生

先生首先是学生。

其实，教师最重要的任务不是教书，而是学习，和学生一起学习。

一个缺乏学习热情的教师，很难真正给学生知识的启迪，更难真正给学生以人格上的感召。

学生的大脑不是容器，而是深井

学生的大脑不是空荡荡的容器，而是一口蕴藏着丰富水源的深井，教师的使命正是要引导学生挖掘自我这口井，让每一个学生都成为一口知识的泉水喷涌而出的"井"。

减负的本质

所谓"减负"，绝不是简单地少布置作业或减少课时，实质是让学生变被动学习为主动学习，减少师生的无效劳动。

发现每个孩子的潜能

教师真正面对每一个具体的学生"因材施教"，让每一个学生都感到求知的快乐、思考的快乐、创造的快乐，那么，所有学生都可以成为学习上的成功者。

教师爱学生的重要表现之一，就是相信每个孩子。

每个孩子都具有巨大的潜能，而且每个孩子的潜能是不一样的。只有独具慧眼，发现每个孩子身上的潜能，鼓励孩子去不断地自主探索，才能使他们的才华得到淋漓尽致的发挥。

教师应该关注人类命运

教师应该关注社会，关注人类命运，注重培养学生的社会责任感。如果教师整天关心的是名次，是分数，孩子们如何关注社会？心灵怎么能得到发展？只有具有社会责任感的教师，才能塑造学生的社会责任感。

教师成长的两翼

教育得失的关键在于教师。教师成败的关键在于专业素养。

职业认同与专业发展是教师成长的两翼，专业发展是职业认同的基础，职业认同是专业发展的动力。

教师不能够重复自己

教师不能够拿着一张教育的旧船票，每天重复昨天的故事。

衡量一个教师的成就不在于他教了多少年书，而在于他用心教了多少年书。一个实实在在教了五年的教师，与一个认真教过一年却重复一辈子的教师，成就当然不同。

教师的天命

面对教育的各种问题，批评与指责很容易；经历重重困难之后，成为一个愤世嫉俗者，也很容易。要成为一个仍然心怀梦想，怀着根本信念的人，则是艰难的，而这，正是教师的天命之所在。

真正的教师，应该让自己和学生在跨越重重困难以及怀疑之后，仍然能够建立起对于世界，对于人类，对于自我，对于存在的根本信任乃至于信念。

这种信任、信念乃至于信仰，是成为一名教师的基石。

教师的词典里没有"放弃"一词

教师应该守住每一个孩子的心灵，应该关注到教室里的每一个角落、每一个孩子，特别是关注已经被父母放弃的孩子。

因为，教师的心灵词典里没有"放弃"一词。应该让每一个孩子都成为教室的主人，应该让每一个孩子都享受到班级里的幸福。"每一个"很重要，不能让一部分人成为另外一部分人的"陪读"。

一堂好课的标准

好课的标准，不是看教师有无出色的表演，而是看学生有无出色的表现。

传统课堂犹如军营，强调铁的纪律，学生正襟危坐，如履薄冰，战战兢兢……这样的课堂，给学生的身心自由发展套上了沉重的枷锁。

让每一天都成为值得铭记的时光

教室是一个空间，一个舞台。日子是时间，是生命。

应该关注在教室里度过的每一天。一个教师做好几件事情容易，认真对待几个重要的日子容易，但是要认真对待每一天并不容易。

要让每一天都成为值得铭记的时光。

跳出一场精彩的镣铐舞

与其抱怨教育的这也不是那也不好，与其不断批评应试教育给我们戴上镣铐，与其让我们的生命在抱怨、批评中度过，我们为什么不发挥自己的能量，行使自己的权利，去跳出一场精彩的镣铐舞呢？

教育是人学。

教师不仅应该是学科知识的传授者，更应该是学生精神生活的导师。

只是这精神生活更多是通过学科知识的传授进行的。

第五章　一个好校长就是一所好学校

学校犹水也，师生犹鱼也，其行动犹游泳也，大鱼前导，小鱼尾随，是从游也。[①]

——梅贻琦

学校是一条长河

学校是一条长河。校长是河道的疏通者，是过去与未来的联结者。

校长应该善于从学校的历史、传统中学习，让学校接地气、有根基；校长还应该善于思考未来，为师生描绘灿烂的愿景，为之携手奋进。校长的深度决定着学校的高度。

学校的成就不可能超过校长的期望

一所学校的成就，绝对不可能超过校长所期望达到的目标。

校长应该首先关注学校的使命和愿景，而不是优先考虑自己的利益得失；校长应该具有谦逊的个性与坚强的意志，推功揽过，敢于承担责任。

[①] 梅贻琦：《中国的大学》，北京理工大学出版社，2012。

校长的智慧决定学校的生存与发展空间

在任何状况、任何制度下,教育都有探索的空间,都有行动的可能,校长教育智慧的多少,决定了学校在制度中生存与发展空间的大小。

教师是帆,校长是风

学校是船,教师是帆,校长是风。校长的使命是让教师扬帆,让学校远行。

一个没有出息的校长总在埋怨教师,把教师的才华埋藏起来。

一个优秀的校长总在发现每一个教师的优点、特长,把教师的才能发挥出来。一个卓越的校长能够用自己的科研、教学成就激发教师,把教师的潜能挖掘出来。

校长是教师的教师

校长也是教师,是特殊的教师,其特殊性在于他是教师的教师。校长是聚集教师精神的一种力量。

乐意在教师脚下铺开红地毯的校长,才是高明的领导。乐于让教师站在自己肩上成长的校长,就是智慧的巨人。

校长也应是学生

校长不但要善于读书,还要善于读"脑"。校长善于读周围教师的"脑",才能碰撞出教育智慧的火花。

校长同时应该是学生。应该向教师学习,甚至向学生学习,这不仅不会降低校长的威信,反而会成为源源不绝的信任之源。

校长应该是教育家

判断一个校长是简单的管理者，还是教育家，不仅要看他有没有自己的办学理念，有没有自己的教育思想，更要看他的理念与思想是否贯彻到行动中。

学校管理需要"软""硬"兼施

制度是硬文化，文化是软制度。

学校制度规范的制订，应该是一个平等参与的过程，应该是学校管理者和师生共同遵守的"契约"，而不能把校长的意志强加给师生。

传递信息是技术也是艺术

对领导，报喜不报忧会流于谄媚，报忧不报喜则失于刚硬。对平级，报忧不报喜是不自觉的离间，报喜不报忧是自觉的友善。

传递信息是技术也是艺术。一句话可惹人笑也可使人跳。

学校的特色为什么很重要

中国教育塑造了一条巨龙，但点睛之笔没点上，那就是创新、个性。学生没有特长，教师没有个性，学校没有特色，这是教育极大的悲哀。

历史不会记住苦劳，历史只会记住功劳。而功劳就是你的创新、你的风格——第一是特色，第二是特色，第三还是特色。

特色是一种自然的形成与积淀，特色也是一种预设与养成。短期行为不会形成学校的特色，只能成为一个插曲。

归根结底，特色是一种成熟后形成的风格。

只会教优秀学生的学校不是好学校

只会教优秀学生的教师,不一定是好教师;只会教优秀学生的学校,也不一定是好学校。

好校长是运筹帷幄的导演

一所学校,是校长大展宏图的天地,好的校长,应该把这天地变成教师大显身手的舞台。

教师是倾情投入的演员,学生就是浑然忘我的观众,校长则是运筹帷幄的导演。

第六章　父母是孩子的第一榜样

在子女面前,父母要善于隐藏他们的一切快乐、烦恼和恐惧。[①]
——培根

教育孩子,先教育自己

家庭是孩子的一面旗帜,父母是孩子的一面镜子。

教育者首先需要受教育。教育别人的过程也是自我教育的过程。父母在教育孩子的时候也在教育自己。之所以如此,是因为你看着孩子的时候,孩子也在看着你。自己不能做到的事情,就无法要求孩子去做到。父母应该在教育孩子的同时,让自己变得更高尚,更伟大,更成熟。

父母就是儿童最初的世界

与孩子一起成长,是好父母共同的特征。

孩童时代所受的教育影响着人的一生,父母就是儿童最初的世界。家庭教育对人的影响刻骨铭心。

撬动地球的手,就是推动摇篮的手。好的家庭往往是父母伴随孩子共同成长,坏的家庭往往是父母给孩子造成负面影响。

[①] 培根:《培根论说文集》,译林出版社,2012。

家庭教育是最容易出错误的地方

家庭教育是最容易出错误的地方。没有接受过系统教育科学训练的父母,正如没领到驾驶证的司机一样,匆匆上路,必定会产生不良的后果。

爱孩子需要智慧,智慧则需要学习。父母既不能够拔苗助长,也不能够无所作为。应该根据孩子的天性和特长,因势利导,顺水推舟,帮助他们谨慎交友,做他们成长的助推者。

不能把孩子看作是自己的附庸

父母们望子成龙、望女成凤的心理易使家庭教育偏离方向。父母与孩子间的天然感情联系,会使父母把自己没实现的梦想转而寄期望于孩子,不切实际的期待就成为难以根治的教育顽疾。

父母不能把孩子看作是自己的附庸,不能要求孩子按照自己的意志行动,不能根据自己设想的模样来约束孩子、塑造孩子。

父母的主要职责在于发现孩子身上独特的东西,然后加以培养、壮大并完善。

像爱护眼睛一样爱护孩子的天真

做父母的要像爱护眼睛一样爱护孩子的天真。童心是人性最真实的镜子。有了童心,才能敞开胸怀接受;有了童心,才能满怀兴趣探索;有了童心,才能袒露内心世界;有了童心,才能毫无掩饰地外露。

育人的关键是育心。父母不应把世俗的、庸俗的东西教给孩子。父母教孩子善于伪装、掩饰、讨好,无疑是在玷污孩子纯洁的天性,扼杀孩子纯真的心灵。

鼓励孩子表现和探索

发现并培养孩子的天赋与潜能，最重要的一条是父母要鼓励孩子表现和探索，并善于观察捕捉孩子在各种表现中展露的风采，而不是把自己的意志强加于孩子。

父母强迫孩子沿着自己预先设定的方向前进，往往会"有心栽花花不发"，因为父母为孩子选择的领域往往不见得是孩子的天赋和潜能里最优秀的方面。

孩子是最伟大的观察家和最杰出的模仿家

孩子是世界上最伟大的观察家，也是世界上最杰出的模仿家。进行家庭教育最简单最有效的办法莫过于——父母让孩子去做的事情，最好父母自己先去做；父母希望孩子成为什么，最好父母自己先成为什么。

如果说孩子是父母生命的延续与未来的缩影，那么父母则是孩子天然的榜样。优秀的孩子的成长背景中，总能找到优秀父母的影子；同样，一个人格不健全的人，也可以从其家庭中找到冲突和矛盾的源头。

所以，父母应非常注重自己在孩子面前的一言一行。为人父母，一定程度上就是选择了一种限制自己的榜样的生活。为孩子做出表率，比再动听的说教都有效。真正懂教育的父母懂得为了孩子应做出一定牺牲，放弃那些不良的个人爱好。

把童年、童心还给孩子

有的父母不闻不问，任其自然，从来没有与孩子有过共同的精神生活。有的父母自认为是"专家"，把自己的意志强加给孩子，操了许多不应该操的心，让孩子失去了真正的童年。从某种意义上说，后一种比前一种更糟糕。

理想的父母，应该永远保持年轻的心境，懂得把童年、童心还给孩子，让孩子轻松、自由、愉快地成长。对孩子有足够的耐心，无论什么时候，都不会对孩子失去信心。

有怎样的父母便会有怎样的孩子

在孩子进入学校前，他就已经有了相当整体性质的自我，在学校里，学业的成就、人际的交往、独立自主意识的形成，在很大程度上都取决于父母之前对他的家庭教育。

有怎样的父母便会有怎样的孩子。现在中国的父母还没有真正介入教育中来，很多父母都认为教育是学校的事情，他们对老师说：孩子就交给你了，就拜托给你了，要打要骂也随便你。他们不知道自己和老师一样，都是教育最重要的力量。

教育归根到底是培养习惯

教育归根到底是培养习惯。好习惯来自平时的点滴培养。对父母来说，从小让孩子养成良好的习惯，那么习惯就会成自然。良好的习惯将使人终身受益。

家庭教育中最重要的事情，就是让孩子在不断的探索中真正找到自我，养成良好的习惯。

父母是一个教育整体

父母是一个教育整体，在重要的价值观念和养育方式上必须达成基本共识，教育孩子必须要有父母双方的通力合作。

在孩子面前不要为教育方式发生争执，一旦如此，孩子会心领神会地钻空子，依附于一方，攻击另一方，从而进一步加剧家庭矛盾，加重亲子关系的紧张程度。

亲子之间的交流，任何教育都无法代替

亲子关系是家庭教育的基础。一旦父母和孩子无话可说或"话不投机"说几句话就觉得多，那么，父母对孩子的教育就很难开展。

亲子之间的交流，任何教育都无法代替。对于外出打工的父母来说，如果能和孩子一起生活当然最好；如果不能，就应该尽可能跟孩子建立联系，无论是短信、电话，还是传统的通信方式都可以。就算孩子不在眼前，也绝不能从你心灵的视野中消失。

父母不能把自己的意见强加给孩子。

可以向孩子表达自己的观点和意见，适当提醒是可以的，但是千万不可以强迫、威胁。

成为孩子的朋友

每个人都有自己不想被别人知道的世界，都有自己需要保守的秘密。这个空间不应该轻易被别人占领。许多孩子其实没有什么秘密，他就是需要保持自己的这样一方神秘世界而已。

最好的办法是成为孩子的朋友，作为朋友，他会向你敞开他的世界。

当孩子觉得父母是像朋友一样在提供建议，而不是以长者的身份来教训他的时候，父母的意见往往更容易被接受。

让孩子对明天永远充满希望

家庭中父母的教养方式以及对子女的态度，是影响子女人格发展和个性形成的重要因素。民主型家庭的父母往往是以大朋友的身份出现，他们

给予孩子发展兴趣和爱好的自由，能经常与孩子交流对各种事物的看法，常常对孩子表示信任，即使考试失败也会给予孩子热情的鼓励，让孩子对明天永远充满希望。

希望是对于努力的特有奖品

希望是对于努力的特有奖品，努力是实现希望的唯一路径。父母不仅要把希望播种在孩子心中，更要让努力扎根于孩子身上。不努力的人，与希望无缘。希望，如果不去努力，就会收获绝望。

家庭好了，教育才能好

家庭教育是整个教育大厦的基石。它不仅是社会教育的开始，也是学校教育的基础。家庭教育就像一棵大树的根须，为树干、枝叶和花果提供源源不断的养料。如果家庭教育出了问题，就好像树没有了根须，自然就成为无本之木。家庭好了，教育才好。家庭教育好了，学校教育才有了真正的基础。

孩子教育无小事

孩子既属于父母，也属于世界。孩子的成长与父母息息相关，孩子的人格特征、认知风格、行为习惯等在很大程度上是从父母身上复制而来的。教育孩子不只是一个家庭的小事情，一个有着严重问题的孩子，犹如一架发动机已经损坏的飞机，在自我毁灭的同时，还会给家庭和社会带来灾难。

成为怎样的父母是可选择的

每个孩子作为父亲与母亲爱的结晶，都是无法选择自己的父母的。我们无法选择自己诞生在怎样的家庭，拥有怎样的父母，但是我们可以选择让自己成为怎样的父亲或者母亲，选择为孩子做出何种榜样，选择如何陪伴孩子成长。也就是说，唯一可选择的是成为什么样的父母。

母亲好了，孩子才会好

母亲是孩子的真正的命运共同体。在来到这个世界之前，孩子通过母亲的身体去感受外部的世界。只要母亲始终热爱这个世界，只要母亲始终拥有温柔的微笑，只要母亲始终具有慈祥的目光，孩子的世界就会有温度，孩子的世界经受再多痛苦也不会有绝望。所以，母亲好了，孩子才会好。

孩子犯错，大人反省

孩子的恐惧与说谎等不良行为，往往是在父母或者老师的强权下形成的。孩子们为了避免父母和成人的惩罚，为了满足父母或者成人的需要，往往会选择说谎等来掩盖自己的真实言行。亲爱的父母，当孩子出现恐惧、说谎等不良行为的时候，你是否反思过，这也许与你自己不恰当的教育方式有关呢？

以智慧培养智慧，以品格滋养品格

培养孩子需要一定的经济基础，更需要的是用心。智慧才能培养出智慧，品格才能培养出品格。每个人来到这个世界上，如果能成为作家、科学家等当然很好，可以用自己的知识造福人类。如果把自己的孩子教育好，把孩子培养成为好公民、好父母，同样也非常了不起，同样可以证明自己的价值。

你关心的世界，就是孩子未来的世界

美好只有用美好来培育，思想只能够用思想来滋养。家庭餐桌上的话题，会直接影响孩子们的视野和格局。亲爱的父母，你们关心的世界，就是孩子未来的世界。和孩子谈论的话题，能够引导孩子成长；对孩子回避的话题，则往往可能成为孩子成长的阻碍。

对孩子只说真话

"假话全不说，真话不全说。"这句话应该也可以用在我们与孩子的交往上。我们要满足孩子的好奇心与求知欲，让他们在"所关心的一切问题上都得到真实的答案"，永远不要对孩子说自己也不相信的话，永远不要给孩子虚假的答案。

父母的影响胜过老师

好的父母就是好的老师。他们对孩子的影响往往远大于老师，不仅因为他们在孩子人生最初的时期施加了关键的影响，更因为他们自己就是孩子成长的榜样，滋润着孩子的成长，他们能够与孩子一起成长。

父母对孩子的影响是巨大的，父母要认识到自己在养育孩子过程中的作用。

父母要当好"原型"

在家庭中，教育孩子的过程，其实也是孩子模仿父母行为的过程。孩子不仅仅是复制了父母的遗传基因，也复制了父母的行为特征。所以，要让孩子成为一个更好的复制品，首先要求父母自己成为更好的"原型"，成

为孩子的好榜样。

孩子的眼始终盯着大人

儿童在大自然中探求科学知识的同时，也在家庭生活中学会处理人际关系。父母如何交往？他们如何通过语言和体态交流沟通？他们在产生分歧以后如何化解矛盾？孩子其实都看在眼里，并且默默学习。孩子的眼睛始终在盯着大人，父母所有的一切尽收孩子的眼底与心底。

做孩子心目中的英雄

父母是孩子的第一任教师。在孩子进入学校之前，父母往往就是孩子心中的英雄，孩子相信父母的每一句话，无条件地完成父母的要求。当然孩子并不是一个简单的容器。孩子有自己的眼睛，有自己的头脑，孩子会辨析父母的言行。父母应注意在孩子面前检点自己的行为，和孩子更深地建立信任。

教育就是自己先做到

凡是带点儿教育意味的事都一样：自己做不到的，别要求孩子做；自己教孩子，要想收到效果，就得自己做出榜样来。

先受教育的应该是父母

蒙台梭利说："要想彻底解决教育问题，采取措施的第一步绝不该针对儿童，而应针对成人。"[1]理解儿童是教育儿童的前提。成人最重要的任务就是学会理解儿童，学会抛弃关于儿童的各种成见。亲爱的父母，要教育

---

[1] 朱永新：《蒙台梭利教育箴言》，中国人民大学出版社，2016。

孩子，首先要教育我们自己。

孩子是父母的一面镜子

上天把孩子赐予我们，是为了教育我们，帮助我们。孩子本身就是教科书，就是我们的老师。孩子对世界的好奇心，孩子对一切的去功利心，不是可以给我们许多启示吗？而且，有了孩子，多少会提醒我们，应该活得更好，做得更棒，为孩子做一个好样子。

第七章 陪伴比"供养"更重要

爱孩子这是母鸡也会做的事。可是,要善于教育他们,这就是国家的一件大事了,这需要才能和渊博的生活知识。①
——高尔基

如何说,孩子才肯听

父母与孩子之间的冲突,绝大部分是不善于说话、不善于与孩子沟通造成的。说话虽然是一门重要的艺术,但说话的前提还是与孩子之间的心灵沟通,是真正把孩子作为一个人格上平等的主体,而不是居高临下地教训孩子。立场变了,说话的方式才会真正地变化。

能够平等对话,是良好沟通的开始。

沉默也是一种软暴力

童年是神奇的,童年又是十分脆弱的。成年人之间一句普通的玩笑或者批评,对于儿童来说可能就是无法承受的压力和灾难。在和孩子交流的时候,务必尽可能多肯定少否定,多表扬少批评,而且要记住,有时候你的沉默、不理睬,就是一种软暴力,对孩子的伤害也非常剧烈。

多沟通确保孩子的心灵健康成长。

---

① 高尔基:《高尔基文集》,人民文学出版社,2015。

既要权威，又要淡化权威

父母对孩子的权威是一把双刃剑。一方面它有助于树立规矩，另一方面它也可能成为家庭教育的障碍，因为如果权威往前跨了一步，就很难让孩子真心信服，难以开展良好的教育。对于父母来说，家庭教育的艺术就在于这种分寸的拿捏。既要建立权威，又要淡化权威。让孩子诚服于权威，又不惧怕权威。

真正的爱是陪伴

什么是父母对孩子的真爱？真正的爱是陪伴。特别是那些由于工作繁忙而经常疏忽与孩子进行情感交流的父母，更应该明白：对许多孩子来说，和父母在一起的意义，与父母交流的时间，要远远比给予孩子的金钱、玩具重要得多。父母是不可替代的，父母之间也无法取代。其实，孩子真正属于我们的时间并不多。

精神的陪伴重于物质的满足

我们总是认为那些疏于照顾孩子的父母才是不负责任的父母，而对于那些让孩子衣食无忧，但是根本与孩子没有精神交流的父母，却依然认为他们是好父母。其实，在一定意义上说，他们同样是不负责任的父母。对于孩子来说，精神的陪伴与物质的满足相比同样重要，甚至更加重要。如果家庭缺乏真正意义上的精神生活，那就说明父母还没有找到教育孩子的方法，还没有学会真正地爱孩子。

父母越强权，越没威信

许多父母会把自己的要求作为"圣旨"，因为他们相信自己是孩子的导师，是绝对的权威；他们相信自己一定比孩子懂得更多，拥有更多的人生经验和智慧。所以他们更多是以命令的口吻对待孩子，也希望孩子绝对服从他们的权威。其实这样做，往往更不容易建立真正的威信。

放下高高在上的姿态，更容易得到孩子的信任。

信任建立了，教育就容易了

在人的发展的不同时期，对世界的信任会体现在不同的人身上。作为父母，应该利用孩子人生最初的这段时间，帮助他们建立起对父母、对世界的根本信任，而且不会随着孩子进入中小学而完全被替代。在孩子进入中小学以后，家长也要学会适应角色的变化，从权威型帮助变成朋友型协助。

从孩子对面走到孩子身边

好父母应该是热爱孩子的人，应该享受与孩子在一起的时光，应该相信孩子能够成为一个对社会有用的好人，应该与孩子交朋友，成为他们最信任的伙伴，应该关心孩子的快乐与悲伤，应该走进孩子的内心深处，应该时刻不忘记自己曾经也是个孩子，应该记住自己曾经也有过童年。

从孩子对面走到孩子身边，成为并肩的伙伴。

信任有多大，世界就有多大

信任、信心、信念，对于人的成长具有重要的作用。让儿童对人、对社会、对世界具有根本的信任，往往是从儿童身边的人、身边的世界开始。如果作为孩子的家人，特别是作为孩子的父母，不能够给孩子这样的信任，那么，孩子就无法真正建立起对这个世界的根本信任。

信任的建立比摧毁要难得多

对于父母来说，建立信任意味着两个方面的内容：一是自己要从根本上建立起对孩子的信任，相信他们的成长力量；二是要使孩子建立起对自己的信任，让孩子对自己敞开心扉。这种信任，是教育工作的前提。信任建立的过程远远比信任摧毁的过程困难。

信任的建立需要日积月累，却可能毁于一旦。

陪伴比"供养"更重要

如果父母只是简单地满足孩子的物质生活的需要，那是其他动物也会做的事情。在父母与孩子之间，要记住：陪伴永远比"供养"更重要。

情不通，则理不得

教育需要理性，也需要情感，甚至更需要情感。因为教育的对象是人，人是一个情感的动物。教育不是把知识从一个人的脑袋转移到另外一个人的脑袋里去，而是师生之间时时刻刻的情感交流。只有当孩子信任父母，他们的教诲才能真正奏效。

亲其师，才能信其道。情不通，则理不得。

心"悦"才能"诚"服

父母与孩子的关系很少是平等的，虽然法理上具有平等的关系，但毕竟前者总是具有更多的权利，如控制权、资源分配权、话语权等。虽然与孩子相比，父母总是强者，甚至总是胜利者，但是这不值得骄傲。因为，父母不能靠压服，而是要使孩子心悦诚服，这才是父母的价值所在，魅力所在。

距离产生美

与孩子保持适度的距离，是教育孩子最重要的艺术之一。如果靠得太近，孩子会很不自在，因为你"侵犯"了他们的生活空间；如果距离太远，孩子也会很不自在，因为他们觉得缺乏了"保护"，没有安全感。

自信决定孩子站立的高度

自信是人成长最重要的力量。一旦儿童确立了自信，他就能够不断向困难挑战，不断冲击新的高度。一旦儿童丧失了自信，他就不愿意挑战困难，而表现出推诿与退缩的心态。对那些性格内向、胆小害怕的孩子，经常说"你行""你一定能够做好"，对他们建立自信是有益的。

一个人对自我的评价，往往是这个人能否成功的标志。自信使人自强，适度"骄傲"使人成功。有自信的人，可以化渺小为伟大，化平庸为神奇。

父亲的陪伴让童年更完整

"父亲"这份工作的重要性、复杂性和创造性，丝毫不亚于任何其他工作。我们所有的工作都是可以替代的，而父亲却是永远无法替代的，因为孩子只属于你。亲子之间的交流，是任何人、任何事也无法替代的。亲爱的父亲，把你的时间留一些给孩子吧！有父亲陪伴的童年才是完整而幸福的童年。

给孩子的评价要三思而行

在 5 分制里，2 分等于宣判了一个学生的不合格。所以，有教育智慧的教师从来不给学生打 2 分，从而永远为学生留出成长的空间。对父母而言，虽然父母不一定直接给孩子的学业成绩打分数，但他们每天与孩子生活在一起，他们的每句话、每个评价，就是在给孩子"打分数"。

孩子会按照心理评价的方向去发展。

让爱更有智慧

母亲爱孩子近乎天性。没有母亲会不爱自己的孩子。只不过不同的母亲会选择不同的爱的方式——本能的爱或者智慧的爱。本能的爱，往往只关心孩子的温饱与安全；智慧的爱，还要关心孩子的精神世界，满足孩子的好奇心与探究心，满足孩子的游戏与交往需求……否则，"爱"会结出更多的"愚蠢之果"。

请让你的爱，更有智慧。

禁止，不利于孩子成长

蒙台梭利曾经举例说，学校和家庭往往用各种手段防止孩子弄坏家具，打坏饭碗，其实这是一种不利于孩子成长的做法。所以，在孩子行动还非常不灵活的情况下，贵重的物品尽可能不要交给他们。一旦把易碎物品交给孩子，就要耐心地指导他们如何使用，并且冷静地面对可能的破坏。

不求不应，有求才应

蒙台梭利说："如果老师可以正确满足儿童的需要，他们就能够发现儿童具有各种优秀的品质。"[1]正确满足儿童的需要，就是在儿童最需要你的时候能够及时出现。亲爱的父母，不求不应，有求才应，是否应该成为我们对待儿童需要的有效方法呢？

沉默比批评更有用

沉默比批评更能促使自我教育的发生。当孩子已经意识到自己做错时，他本人一定会非常难过。此时父母的批评，等于在伤口上又撒了一把盐，有时还会激起逆反心理。此时父母的沉默与理解，反倒能感动孩子进行反思。

自省比说教更有效。

孩子需要自由地呼吸和运动

我们的学校教室太小，小到放满了课桌就没有其他空间了。家庭虽然不是教室，但道理相同。应该把孩子带到大自然中去，那里的空间最适合孩子自由地呼吸与运动；应该尽可能不要用家具把房间塞满，让孩子动弹不得，行动受限。

体罚是最没用的方法

体罚往往是不成熟的父母采用的办法，也是最简单、最粗暴、作用最小的办法。凡是能够用体罚解决的问题，都是可以用其他办法解决的。体罚破坏了亲子之间的有效沟通，产生了隔阂和对立，或者导致孩子的恐惧胆怯，或者导致孩子崇拜、效仿暴力，父母与教师的努力自然难以奏效。

---

[1] 朱永新：《蒙台梭利教育箴言》，中国人民大学出版社，2016。

永远跟孩子站在一边

我相信,当父母的不必装作"万能博士",也不必装作完全无过的"圣人",这些虚伪的架子全无用处。只要你跟孩子站在一边,不与他们对立,只要你已经悟到这是起码的又是基本的一点,你的办法必然行得通,你可以做一个像样的父母。

微笑、鼓励是成长最好的营养

正如蒙台梭利所说,"身体的活力依赖于精神的活力"[①]。心灵的荒芜会导致身体的死亡。对于儿童来说,缺乏精神的滋润,就是最残酷、最严厉的惩罚。亲爱的父母,记住,孩子心灵的最好营养是你的微笑、你的鼓励,精神的快乐不仅是健康身体的源泉,更是孩子人格发展的关键。

孩子精神的成长需要陪伴

儿童渴望成人的陪伴,这是儿童精神成长的需要,是儿童在迈向成人的漫长旅程中必需的精神看护。无论是与成人一起在餐桌前用餐,还是晚上睡觉前父母为孩子讲故事,周末一起去郊游,或在家里躲猫猫做游戏,都会让孩子开心。这种快乐远非给他们食物能比拟。儿童正是通过这个过程来了解和认识社会的。

让孩子自己教育自己

自我学习不仅是人的一种最基本的权利,也是人成长的最重要的路径。

---

① 朱永新:《蒙台梭利教育箴言》,中国人民大学出版社,2016。

正如蒙台梭利说的那样，人只有依靠其"内在力量"才能够获得真正的自由。亲爱的父母，让孩子自己教育自己，我们做一个欣赏者、协助者，而不要做强迫者、压制者。

教育要从一出生就开始

蒙台梭利说："教育必须从人诞生之日开始。"[①]越是生命的早期，儿童的成长越是关键，越是重要。千万不能把孩子完全交给保姆阿姨去管，父母应该尽可能多和孩子交流接触。你陪伴孩子的机会越多，孩子成长的空间就越大。母爱是一种伟大的力量，也是世界上最神奇的力量。再好的设备，再先进的管理方法，也无法替代母亲对孩子的爱。亲爱的父母，一定要珍惜与孩子在一起的时光，一定要把爱给孩子。

单一的物质奖励会将孩子引向歧途

许多父母用来引诱孩子、奖惩孩子的唯一工具就是食物，如孩子考试成绩优秀就奖励他们吃肯德基、麦当劳。其实，如果我们不断地用食物刺激和奖惩孩子，孩子就会变成一个只关注外在和物质的、心灵贫乏的人。只有我们不断地关注并满足孩子的精神需要，他们的心灵世界才会不断地充盈丰富。

让孩子在改正错误中成长

孩子犯错误不可怕，可怕的是不断犯同样的错误。人不是在犯错误中成长，而是在改正错误的过程中成长。对孩子的错误，不要批评指责、拳打脚踢，也不要不闻不问、听之任之，更不能包庇容忍、推卸责任，而应

[①] 朱永新:《蒙台梭利教育箴言》，中国人民大学出版社，2016。

该用爱原谅孩子犯过的错误，用智慧帮助孩子不再犯同样的错误。

关注孩子的精神需求

教师的工作丝毫不逊于科学家。而父母就是孩子的第一任老师。父母在家里，同样应该像科学家那样关注孩子的行为细节，同时关注他们的精神需求。而且只有关注到儿童的精神变化，这时的父母才成为真正的老师，也才是真正成为母亲或父亲的开始。

父母要享受教育的乐趣

父母不应把教育孩子当作是枯燥的责任和义务，而应该当作是自己人生的一种乐趣和享受。只有享受教育的人，才能演绎教育的精彩。对于父母来说，要进入童年的"神秘之宫"，就必须在某种程度上变成一个孩子。只有这样，孩子们才不会把父母当成一个偶然闯进他们那个童话世界之门的人。

第八章　播种美好才能收获美好

当爱开玩笑的人将教育定义为"如果人们已经忘记了他们在学校里所学的一切,那么所留下的就是教育",他的说法大致不错。[①]

——爱因斯坦

21世纪最重要的学习,是学会学习

孩子是否对这个世界充满好奇,是否对未知具有探索的精神,在很大程度上取决于父母是否对世界充满好奇。"世事洞明皆学问,人情练达即文章。"让孩子在生活中学习,在自然中学习,在游戏中学习,及时满足孩子的求知渴望,耐心帮助孩子探索求知,是父母应该具备的基本素质。

因此说,21世纪最重要的学习,是学会学习。

大自然是最好的老师

智慧的最初表现是求知欲。而自然界就是人类最为丰富又取之不尽的思维源泉。为什么夏天的太阳反而升得比冬天高?为什么在冬天有些小鸟要飞向温暖的南方?解答这些问题的过程,就是孩子主动探索世界的过程,就是孩子的理性、思维、智慧的形成过程。让孩子走进大自然,学会观察。

---

① 爱因斯坦:《爱因斯坦论科学与教育》,许良英等译,商务印书馆,2016。

让孩子发现自己，学会自我教育

教育的艺术，就在于不断让孩子发现自己的潜能，张扬自己的个性，形成自己的特长，从而让孩子对自己的能力拥有自信心，对自己的成绩拥有自豪感，对自己的存在拥有认同感。一旦形成了这样的自信、自豪和认同，孩子就会有不竭的成长动力，此时，教育的力量，就演变成自我教育的力量。

让孩子勇敢做自己

小孩有勇敢无畏的气概，对于一切无所惧怯，这应该给予爱惜，给予肯定，才可以使他们成为更好的人。要是屡次使他们恐惧，给他们恐怖的暗示，岂不是引导他们趋向怯弱吗？

勇敢做自己，才会绽放出属于自己的光彩。

痛苦是拔节，也是成长

"在时间的轨道上，人们总想象有一条线，超脱了这条线，当前的痛苦也许就会永不复存在。"[1]法国作家米兰·昆德拉这样说。

人们总是畏惧痛苦，逃避痛苦，希望有什么方法能彻底消灭痛苦。其实，痛苦就是拔节。与其逃避痛苦，不如直面痛苦。只要从痛苦中有所收获，得到成长，痛苦就有了意义，就带来成长的幸福。

---

[1] 米兰·昆德拉：《不能承受的生命之轻》，许钧译，上海译文出版社，2022。

一味地帮助只会剥夺孩子的快乐

蒙台梭利说:"孩子第一次做某件事的时候会极其缓慢。"[1]孩子往往希望通过自己的能力得到他想要的东西,不希望大人越俎代庖。亲爱的父母,千万不能因为孩子经常出错,就想帮助他们,其实你们正是这样轻易剥夺了他们"唯一的快乐"。

去除杂草的最好方法是种上庄稼

与其努力改正孩子的缺点,不如尽可能培养孩子的优点。孩子身上的"潜意识心智",不仅是他们智慧形成的基础,也是他们道德形成的基石。亲爱的父母,努力帮助孩子形成良好的品质吧。眼睛里充满了美好,阴暗的事物自然就会没有生存空间。

孩子是天生的艺术家

不要小看孩子的信手涂鸦、随口吟唱,孩子是天生的艺术家。艺术如同翅膀,能把孩子带往更高远的地方。

儿童的宇宙观

儿童的心理似乎无不是纯任直觉的,他们视一切都含有生命,所以常常与椅子谈话,对草木微笑。这就是文艺家的宇宙观。

---

[1] 朱永新:《蒙台梭利教育箴言》,中国人民大学出版社,2016。

让孩子在犯错中学会承担

蒙台梭利说:"当儿童对自己所做的一切感到满足以至于能够保护和控制周围的环境时,他的意识就得到了升华。"[①]儿童应该在最适合他们的环境中成长。不要害怕孩子做错事情,其实孩子正是在这样的过程中成长的,正是在这样的过程中学会承担责任的。

培养孩子现实的能力

人的潜能是巨大的,大到我们自己都无法置信。现代脑科学发现,大脑神经活动最丰富的时期是 2 岁到 6 岁,这就需要在孩子成长最关键的时候,在大脑发育最关键的时候,给孩子最丰富的经验与刺激,帮助他们建立丰富的联系。这样,潜能才会更容易变成现实的能力。

播种美好才能收获美好

把爱、同情、宽容、理解、尊重等人类最美好的情感的种子,深种在幼小的心灵里。这样用童心超越战争,才是真正战胜战争,是人性的最大胜利。这样的孩子在成年以后才能筑造更加美好的世界。

意志力就是行动力

意志的生命就是行动的生命。意志力的一个重要特征就是坚持。而坚持是心灵自由发展的前提,也是所有有所成就的人的特征。但是,孩子在探索世界时,父母却经常对他说"别碰""别跑""别烦人",正是这样的号

---

① 朱永新:《蒙台梭利教育箴言》,中国人民大学出版社,2016。

令，不断摧毁孩子的意志力。

注意力是孩子突破难关的利剑

注意力是打开儿童精神世界大门的一把钥匙。注意力是儿童最重要的心理素质之一。让孩子学会集中注意力、专心致志能为他的精神成长打下坚实的基础。

专注是儿童的核心竞争力

专心，是蒙台梭利特别重视的一种品质。她认为儿童的专注力能够平和、自由地达到怎样的程度，也就代表着儿童自身发展到什么样的程度。专心的前提是安静。亲爱的父母，不要小看专注力，它是儿童身心发展的关键因素。

在试探中发现，于摸索中学习

儿童是通过自己的不断努力与这个世界对话的。他的每一次活动都可能成为一次探险、一次发现。虽然儿童的许多活动对于我们成人来说很幼稚甚至很可笑，许多发现对我们来说也是简单的常识，但对于儿童来说，他们的努力、探索和发现，都是向世界寻到的答案，丝毫不亚于科学家的重要发明。

等待孩子天性的萌发

孩子应该先有内心生活的创造，然后才能把它表达出来。儿童天生就是创造者，但创造性的表现却是因人而异、因时而异的。作为儿童的教育者，我们应该有足够的耐心等待与发现孩子天性的萌发。

相信孩子，静待花开。

今天的幻想，明天的发现

想象创造奇迹。正是想象推动着人类的发现、发明与创造。人类的智慧在不断地创造出梦想的同时，也不断地把梦想变成现实。亲爱的父母，要珍惜孩子的想象力，不要把孩子的异想天开视为无稽之谈。也许，今天的一个幻想，就是明天的一个发现。

停一停，才能领略到美丽

与孩子的专心致志类似的一个重要心理品质是沉思。如果只读书学习，而没有思考的时间和思考的习惯，学习的成效就会大打折扣。所以，正如我们看风景一样，不停地行走往往使风景难以驻在心间，只有停下来慢慢欣赏，才能够得其奥妙。沉思，就是让我们停下来欣赏精神世界的风景。

有兴趣才能引发注意力

没有注意力，就没有学习力。人们认识世界的过程，其实就是在外部刺激的作用下，人的大脑神经系统产生兴奋的过程。亲爱的父母，培养儿童注意力的技巧，首先是要培养他们的兴趣。

人生就是无数次的练习

蒙台梭利说："练习使孩子的精神得到发展。"[①]在练习的过程中，儿童感受到自己的进步，从而愉快地迈出成长的下一步。亲爱的父母，不要为

---

① 朱永新：《蒙台梭利教育箴言》，中国人民大学出版社，2016。

孩子幼稚的行为、笨拙的行为担心，处于发育成长中的儿童，需要不断练习才能够逐步提高行为的精确性。

兴趣所及就是一个人的世界

兴趣是我们生命所寄托的。一个人的世界，不可能大于他兴趣所及的范围，唯有这个范围方是他内在的真实世界。在他所感兴趣的范围以外，固然有许多事物围绕着他，但是他熟视无睹，听若不闻，对他来说，可以说实际上并不存在。

真正的学习从问开始

学问学问，学从问开始。提出问题，是求知欲、好奇心的表现，孩子不想提出问题或者无法提出问题时，说明真正的学习还没有开始。没有问，就没有学。

品德重于学问

品德重于学问，状态大于方法。家庭教育最重要的任务是建筑人格长城。影响终身发展的因素中，分数并不是最重要的，起着制约作用的是品德、品格，是做人是否快乐，是否受人欢迎、尊重，而不是考分有多少。

觉醒的人生才会绽放光彩

蒙台梭利说："在这个长期的纪律培养中，孩子经历了兴奋、快乐和觉醒。"[1]亲爱的父母，我们要对孩子有足够的耐心。如果他们的财富小屋不

---

[1] 朱永新:《蒙台梭利教育箴言》，中国人民大学出版社，2016。

能够聚集足够的积极能量，他们的生命也就很难迸发创造力，这种没有觉醒的人生，就会暗淡无光。

用美好唤醒美好

真诚只能用真诚来唤起，善良只能以善良来培育，而美丽也只能靠美丽来润泽。

对孩子来说，理想是最神圣的。让孩子自觉地追求理想，是最完美的家庭教育。实际上，父母可以什么都不做，只要让孩子知道应永不停止地追求，他们至少就成功一大半了。

种瓜得瓜，种豆得豆

孩子们的发展与父母等成人的教育方式是密切相关的。每个孩子都有两种发展的可能性。亲爱的父母，我们明白孩子心中具备的两种心理状态，就明白了我们用不同教育方式对待孩子的两种不同结果。

第九章　童年的长度需要国家的高度

童年是理智的睡眠期。[①]
——卢梭

童年的长度需要国家的高度

美好的人性,从童年的幸福开始。

童心最美,童心最真。美在真中,真彰显美。童心是一个斑斓的世界,物我两忘,一切皆有可能,这是创造的源泉。

把童年还给孩子,是教育的基本要求。

童年的长度需要国家的高度。

做好教育,我们必须把孩子视为老师

做好教育,我们必须把孩子视为老师。儿童的世界的玄妙与深邃,我们还从未真的看个究竟,但儿童的创造性、想象力,已经让我们瞠目结舌,感叹不已。

---

① 卢梭:《卢梭全集》,商务印书馆,2012。

对儿童来说，一切都是游戏

对儿童来说，
一切都是游戏。
他们在游戏中学会交往，
在游戏中认识世界，
在游戏中发现自我。
游戏就是学习，
学习也是游戏。

手巧才能心灵

手巧才能心灵。
鼓励孩子从事各种手工的劳作，
指尖上的智慧，
可以巩固、促进头脑中的智慧。

童年阅读，是让儿童走进真善美的最好的路径

人的一生围绕着童年展开，
孩子在童年阶段看到的事物、积累的经验
是他进入成人世界最重要的基石。
童年阶段看到真善美的东西越多，
孩子的心灵就充满了真善美，
他的世界也就充满了真善美。
而童年的阅读，
是让儿童走进真善美的最好的路径。

儿童的当下才是最重要的

儿童的当下才是最重要的。
童年生活直接决定着儿童未来会成为怎样的人。
儿童阶段是为人的生命奠基的关键阶段。
童年，是孩子一生的宝藏。

教育，允许孩子"偏科"

人的一生，
能够拥有自己挚爱的事业是幸福的，
能够和挚爱的人一起从事挚爱的事业是幸运的。
教育，应该培养孩子的专注与挚爱，
允许他们"偏科"。

孩子内心不愿走的路，最后往往是绝路

孩子内心不愿走的路，
即使勉强去走，
最后往往也是绝路。

想象力天然地根植于儿童的内心

想象力天然地植根于儿童的内心。
关注它，呵护它，
就要学会为它喝彩，
就要从学会欣赏成人眼里

觉得愚蠢可笑的儿童行为开始。

防止孩子形成坏习惯的最有效方法，是帮他养成好习惯

人的行为受习惯支配。
好习惯没有形成，
坏习惯就会乘虚而入。
防止孩子形成坏习惯的最有效的方法，
就是帮助他养成好的习惯。

让儿童欣赏文学亲近文学，是为了心灵的成长

文学是浓缩的生活。
让儿童欣赏文学亲近文学，
不一定是培养未来的作家，
甚至也不是为了培养未来的文学爱好者，
而是为了心灵的成长。

学习的意义是把知识运用到生活中去

学习的意义是把知识运用到生活中去，而不是简单装进我们的脑袋里。就像家中衣柜里的衣服再多，如果不穿，或者想穿时无法找到，是没有意义的。

写日记是一种非常有效的"道德长跑"方式

写日记是一种非常有效的"道德长跑"方式。通过写日记，学生可以不断反思自己的所作所为，让自己与自己对话，让一个自我战胜另一个

自我。

剥夺了孩子的劳动权等于使他们丧失了成长的机会

对于每一位深爱自己孩子或学生的父母与老师来说，
应该学会让孩子自己的事情自己做，
要学会放手让孩子和学生承担必要的劳作。
从某种意义上说，
剥夺了孩子和学生的劳动权利就等于使他们丧失了成长的机会。

如果儿童学习不愉悦，就难以取得好的成效

成年人可以为意义而努力，
对于儿童来说，
学习如果不能伴随着情感的愉悦，
就难以取得好的成效。

儿童眼中的世界饱含情感

儿童眼中的世界饱含着情感。花会笑，草会哭，大树会跳舞。没有情感的介入，任何智力活动都很难取得真正的成效。让孩子情绪高涨、带着感情学习，是帮助孩子提高学习效率的最好手段。

善良是人性的核心

善良是人性的核心。
没有善良这种出自内心的温暖，
就不可能产生心灵真正的美。

培养善良，
最重要的是学会对生命的尊重和热爱。

生命生生不息，生命息息相通。
每个孩子天生都会为每一个生命歌唱：
对一棵冬天的小树充满怜悯，
对一只受伤的小鸟温柔爱抚……
成年人应该做的，
是全力呵护纯真的善良。

孩子的心灵是最纤细灵敏的琴弦

孩子的心灵是最纤细最灵敏的琴弦，
需要一双高明的手才能弹唱。

儿童的世界有着自己的语言、逻辑、追求、审美、时间

儿童的世界有着自己的语言、逻辑，
有自己的价值追求、审美标准，
甚至有自己的时间尺度。
用成人的眼光无法看清这个世界。
儿童，也永远不会欢迎一个不是儿童的人闯入他们的国度。

孩子是花草，科学和文艺就是阳光和雨露

孩子的成长，
其实和花草的拔节并无不同。
孩子是花草，

科学和文艺就是阳光和雨露。

每个孩子都具有许多可能性

每个孩子都具有许多可能性，
但只有少部分孩子把可能性变成了现实。

孩子就是种子。
每一粒种子都蕴藏着极大的可能性。
教育的作用，不是增加种子的可能性，
而是尽最大的努力把可能性实现到极致，
让树拥有树的挺拔，
让花绽放花的芬芳。

儿童认识世界从母亲开始

如果说当一名父亲是男人一生中最重要的工作，那么我们同样可以说，做母亲是女人最神圣的天职。儿童对世界的认识是从母亲开始的，母亲对他的微笑，母亲吟唱的儿歌，母亲温暖的怀抱。对于孩子来说，如果母亲是温暖的，这个世界就是温暖的。如果母亲是甜蜜的，这个世界就是甜蜜的。

好的教育是个性发现

每个人都有自己的潜能、自己的特点，都能够找到适合自己的事业。好的教育，应该让学校和家庭成为美好事物的中心，成为汇聚美好的地方，从而应该让每一个孩子在这里都能够与美好相遇，发现自己，找到自己，成为最好的自己。

教育是一种慢艺术

教育是慢的艺术，是需要成人陪伴，需要时间滋润，需要从容安排，需要足够耐心的活动。所谓要浪费时间，即不要把孩子的时间全部填满，而让他们有足够的时间玩耍、遐想、读书。孩子没有属于自己的时间，也就没有了发展的空间。

每个孩子都是不可复制的

一个人可能有完全不同的职业和专业，但是都在扮演一个世界上最包罗万象、最复杂、最高尚的角色——父亲或者母亲。每个孩子都是不可复制的，绝不雷同的。让每个孩子成为最好的自己，让每个孩子的潜力得到最大的发挥，应该是父母认真思考并且努力践行的事情。

童年是性格养成的关键时期

荣格说过："一个人终其一生的努力，就是在整合他自童年时代起就已经形成的性格。"[①]这里有两个关键词，一个是形成，一个是整合。人的性格形成是在童年时代，以后只是不断地整合、加工、完善而已。童年是真正的人诞生的重要时期，这是许多教育家都反复讲过的道理。所以我们应该特别关注儿童的性格养成。

儿童的能力从实践中来

人的幸福在很大程度上来自人的成就感、成功感，如果一个人觉得自

[①] 荣格:《荣格文集》，长春出版社，2014。

己是一个有用的人，一个能够帮助别人并且给别人带来快乐的人，他就会有幸福感。应该从儿童时期就帮助孩子形成各种各样的能力，让他独立地去做事情，尽可能不依赖他人，在实践中锻炼与发展他的能力。

越看不见的越要小心翼翼

蒙台梭利说："人格的形成要经历一个看不见的过程。"[①]人的发展是一个谜，婴儿的发展更是谜中之谜。每个儿童都具有无限的可能性。所以，我们需要小心翼翼地呵护着儿童自觉地沿着他独特的道路前行，这样才能帮助他顺利地成为自己。

父母应该有足够的耐心

儿童是经常在变化着的人。他可以突然破涕为笑，也会一下子转喜为悲。他一会儿开心地和你说这说那，一会儿又顾影自怜，沉默寡言。这不是成年人的喜怒无常，而是孩子变化着的个性使然。所以，作为父母，应该有足够的耐心，对孩子的各种变化有足够的心理准备。

自信是真正教育的开始

自信是成功的第一前提，培养人就是培养他的自信，摧毁人就是摧毁他的自信。

自信是真正教育的开始，没有信心，就没有教育。在一定程度上我们可以这样说：培养一个人，就是培养他的自信心；摧毁一个人，就是摧毁他的自信心。

没有人是与世隔绝的岛屿，每个人都需要来自他人的肯定。经常取得

---

① 朱永新：《蒙台梭利教育箴言》，中国人民大学出版社，2016。

成功，可以使人建立自信，可以提高一个人的成就动机，所以，成功是成功之父。

教育是让孩子找到自信认识自我

挖苦、贬低、压制，要么培养的是奴性，要么导致的是反抗。我们用什么样的方法教育孩子，就会培养造就出什么样的孩子。鼓励、帮助、陪伴，让孩子找到自信认识自我，是教育的原则。

父母越理智，孩子越自律

作为父母，必须知道，我们的话语对孩子有着巨大的影响。所以对孩子说的每一句话即使做不到深思熟虑，反复掂量，也要尽可能不要对孩子说那些内容空洞、枯燥乏味的话，不要说连自己也不相信的空话假话。同时要尽可能理智冷静，不要说那些大动肝火、神经过敏的话。

父母关系融洽，孩子性情平和

生活在不同的家庭里，就是生活在不同的世界中。父母之间的情感交流，家庭生活的氛围，会直接熏陶、感染孩子的精神世界。家庭生活不能够太"任性"。夫妻之间动辄打嘴皮子仗，甚至拳脚相加，没有克制，无疑会给孩子的成长造成伤害。心境平和的父母才能造就心境平和的孩子。

父母常争吵，孩子问题多

儿童的许多问题源自家庭。那些家庭关系紧张，父母经常争吵，在叫喊、责难、凶狠、不信任和侮辱的气氛中成长起来的孩子，身心状态也会变得糟糕。所以，家庭教育的前提和基础，就是需要我们营造良好和谐的家庭气氛，至少要在孩子面前维持这样的气氛。

教育是水的载歌载舞

铁器的敲打，是硬邦邦的，是要发出声音的，是要留下敲打的痕迹的。水的载歌载舞，是柔软欢快的，是无声无息的，是不留痕迹的。

教育不能够像敲打铁器一样敲打孩子，而应该学习水的载歌载舞，润物无声，使孩子在轻松愉快之中成长。

发现孩子的情绪密码

蒙台梭利说："就像所有弱小的生物一样，儿童只能用躁动、任性、生气、哭闹和发脾气等消极的方式来反抗。"[1]在儿童和成人之间隔着一道天然的鸿沟。亲爱的父母，面对孩子的负面情绪时，不能一味压制和批评，而应该努力寻找其背后的原因。

环境美好，孩子幸福

家庭与学校不仅是一个学习知识的地方，更应该是一个学习做人的场所。对于儿童来说，一个适合自己成长的环境是非常重要的。在这个环境中，儿童学会与别人和谐相处，学会认识自己、发现自己。应该创造适合孩子成长的环境，让家庭和学校成为汇聚美好事物的中心，让孩子成长为幸福完整的人。

---

[1] 朱永新:《蒙台梭利教育箴言》，中国人民大学出版社，2016。

让孩子的心灵充满爱

把孩子培养成人,不是简单地让他们记住一些知识,掌握一点技能,而是让他们真正懂得人与人相处的意义与价值。所以,对于父母来说,真正的教育,就是让孩子懂得关心人、理解人,就是让孩子有一个敏感的心灵,设身处地为别人所想所急。

第十章　真正的教育在于唤醒

好奇心是学习的第一动力。
——朱永新

播种理想才能收获希望

我们只有自己拥有美好的教育理想，才可能把理想的种子播种到孩子的心中。只有我们的孩子心怀理想，我们的民族才会有希望。

在孩子心里深埋理想的种子

对孩子来说，理想是最神圣的，也是最重要的。让孩子有一个人生的目标，能够自觉地追求理想，是最完美的家庭教育。实际上，父母可以什么都不做，只要悄悄地在孩子心中播下理想的种子，只要让孩子知道应永不停止地追求理想，他们至少就成功一大半了。

成长是一种内在力量

成长是一种自我的内在工作，消极地模仿、光看别人如何做是无法实现成长的。让孩子成为最好的自己，就要学会放飞孩子，让他们展开翅膀去自由飞翔，让他们成为自己世界的主人，自己去探索属于他们的世界，自己去面对各种困难和挑战，自己去解决问题，才是最好的教育。

让孩子认识真实的世界

真正的教育是一个让人成为人的过程，一个让人发现自己的过程。真正的教育会让人看到世界的本来面目，了解社会的变迁发展。真正的教育应该让人知道，虽然有许多事情个人无能为力，但自己应该成为自己命运的主人。

能不能培养孩子的自学精神与自学能力，是平庸父母与优秀父母之间的一道分水岭。自学为什么很重要？因为孩子终究要离开父母，离开学校。

激发孩子自发向上的力量

虽然在家庭教育和学校教育中离不开奖励和惩罚，但奖励与惩罚并不能成为控制与改变孩子行为的最重要的措施。心理学研究表明，那些依赖表扬的孩子，越长大效果越差。而依靠惩罚才能自觉的孩子，也容易成为施暴者。所以，应该尽可能激发儿童自己向上的力量，引导孩子从自然功利阶段向习俗规则、道德功利阶段迈进。

前行的动力来自心灵

孩子的成长就像一部行驶中的汽车，父母和老师经常想关掉马达，试图用自己的力量推动汽车前行。这时，父母和老师只是一个苦力，而汽车也变成了毫无用处的机器。其实，一辆汽车的引擎才是最重要的动力，真正前行的动力来源于孩子心灵内部。我们无法替代孩子的成长，也不能揠苗助长。

美好的教育使身心和谐发展

蒙台梭利说："如果对身体的关注能够帮助孩子保持健康，那么对智力和道德的关注也会尽可能地为他们提供最高的精神愉悦感。"美好的教育都是身体、心灵和谐发展的教育。仅仅关心孩子的身体是不够的，没有道德上的完善，孩子终究也是走不远的。

天才没有标准

天才没有确定的标准。父母不妨把自己的孩子都视为特殊的天才儿童，热切期待，保持耐心，更多了解自己的孩子，科学而智慧地帮助孩子挖掘潜力，鼓励孩子在自己的天空自由地翱翔。

真正的成功是战胜自我

人生而平等。真正的成功不是战胜别人，成为"人上人"，而是战胜自我，拥有更强的能力去帮助他人。

考虑孩子的现在

蒙台梭利说："每个人所想的都是孩子将要怎么样，没有人考虑到孩子的现在。"的确，我们经常是打着为了孩子明天的旗号，做着牺牲孩子今天的事。孩子的幸福我们每个人都非常关心，孩子未来的幸福更是我们期待的。但是，如果不考虑孩子的现在，他就没有未来。

童话是童年的粮食

童话是儿童文学的一种，它是"经过想象、幻想和夸张来塑造艺术形象，反映生活，增进儿童性格的成长"。童话对于儿童经常是"真实"的，在儿童的世界中，日月星辰、山川湖海甚至家具电器等万物都是有生命的。童话是童年的粮食。

故事缔造童年的幸福

童年的幸福，会影响一个人的一生。童年的经历，会锻造一个人的个性。儿童的幸福首先是精神意义上的好奇心的满足。所以，小伙伴们的游戏、故事的滋润，远远比简单的衣服的美观、食物的丰盛等重要。父母在精神方面花费的精力和时间也应该更多。

童谣是孩子的精神养料

蒙台梭利说："让孩子唱歌，也是一个锻炼准确发音的好方法。"儿童需要儿歌，需要童谣。过去我们有许多经典的传统歌谣传唱，如《摇啊摇，摇到外婆桥》等，就是脍炙人口的童谣。我们要传承和继续创造新的童谣，为童年提供新的精神养料，让儿童在歌唱中培养语感，发展语言能力，陶冶性情。

愚昧比营养不足更可怕

中国当下已经是物质条件相对优裕的时代，孩子很少为温饱担忧。父母和老师为孩子身体的考虑远远超出了为他们的心灵的考量。亲爱的父母，真正的贫困是精神的贫困，愚昧比营养不足更可怕。

养育，不只是提供吃的东西

许多父母往往误以为爱孩子就是舍得在孩子身上花钱，让他们吃饱穿好，衣食无忧，就能满足孩子所有的需要。其实，这是完全错误的，儿童需要的绝对不只是吃的东西。所以，即使孩子吃得再好、穿得再美，如果没有父母给予的温暖，孩子的精神成长也是有缺陷的。

刀在使用中变得锋利

蒙台梭利说:"世界上最困难的一件事就是让刚学会说话的孩子保持沉默。"[①]儿童始终在酝酿说话的能力,一旦开始说话,如潮水般涌来,滔滔不绝。用进废退,亲爱的父母,要尽可能给孩子讲话的机会,不要嫌弃他们啰里啰唆,喋喋不休。要让孩子在各种能力的自由运用中,获得能力的提升。

---

① 朱永新:《蒙台梭利教育箴言》,中国人民大学出版社,2016。

第十一章　父母成长了，孩子才能成长

没有家庭教育的成功，永远不会有学校教育的成功；没有父母的成长，永远不会有孩子的成长。
——朱永新

教育孩子是父母的一种自我成就

作为父母，虽然我们从事着不同的工作，在不同的岗位上取得了不同的业绩，但是如果不能够同时把孩子教育好，不能够把这件世界上"最重要、最必需、最刻不容缓"的事情做好，不仅是父母人生的一大遗憾，而且也会影响孩子一生的幸福。

父母在做，孩子在看

苏霍姆林斯基说过，每个瞬间，你看到孩子，也就看到了自己；你教育孩子，也就是教育自己，并检查自己的人格。[①]
孩子是父母的影子，也是父母的镜子。父母在孩子身上可以看到自己。孩子身上的问题，往往是父母身上的问题。所以，教育孩子，首先要教育自己。教育孩子，其实也就是在教育自己。

---

① 朱永新：《苏霍姆林斯基教育箴言》，教育科学出版社，2016。

改变自己就是改变世界

当我们无法改变社会、改变别人时,我们可以改变自己。当我们真正改变了自己,就必然影响、改变着别人,就已经在改变社会、改变世界。

当我们无法改变孩子时,我们可以改变自己。当我们真正改变了自己,也就必然影响和改变了孩子,从而也就影响、改变了社会,改变了教育,改变了世界,改变了未来。

做父母是有"有效期"的

作家龙应台说:"做父母的有效期,不该偷懒那十年。"的确,当父母是有"有效期"的。虽然我们是孩子永远的父母,但称呼的有效性不等于影响的有效性。

一般而言,真正能够对孩子施加有效影响的,还是在孩子的少年期之前。能否持续影响,取决于父母与孩子沟通的水平,也取决于能否与孩子一起成长。

好父母是通过学习而成的

其实,我们大部分的父母对于孩子来到这个世界后的教育问题都是缺乏准备的。无论是思想的准备,还是知识的储备,都远远不能够承担这样一个伟大而神圣的职责。所以,我们应该更加主动地补课,更加自觉地探求教育孩子的智慧。

家庭是孩子的第一所学校

我们大部分成年人对于自己的婚姻和成为父母是没有真正准备的。对于人的生活和生命产生如此深刻影响的婚姻家庭，我们应该尽可能有充分的精神准备。而我们自己的婚姻与家庭，其实就是给我们孩子的最有效的有关婚姻与家庭的学校，这是一所能够使他们变得聪明，也能够使他们变得愚蠢的学校。

成长是儿童的权利

成长是儿童的权利。自我培养，是儿童作为人的最基本的权利。孩子们绝不可能成为一株我们所希望的"带着天使般花香的植物"，他们应该是智力活动的主体，应该成为具有高度自觉自主的智力活动的人。我们不能够限制儿童、压抑儿童、奴役儿童，而应该做他们自我培养的协助者。

最适合的教育才是最好的

教育的艺术在于把握好"度"。可我们经常容易走极端，要么片面强调培养独立性，对孩子的所有要求不理不睬；要么片面强调帮助孩子，对孩子的所有要求有求必应。其实，只有根据不同孩子的个性，在不同的教育场景下采取不同的教育方法，才能够取得最佳的教育效果。

父母要学会因势利导

每个孩子心中都有着善良的种子、向上的力量。尽力满足孩子做一个好孩子的愿望，及时肯定孩子努力做一个好孩子的所有行为，孩子就会不断向着好的方向努力。这就是教育的顺势而为，因势利导，也是睿智父母应该具备的重要能力。

不要好心办坏事

蒙台梭利说:"与儿童最亲近的人——母亲或是老师,反而成为在儿童人格形成过程中最可能对他们造成危害的人。"[1]教育中的许多问题,往往都与成人和儿童的关系有关。成人越以高尚科学的名义命令儿童,对儿童的伤害就越大,这就是所谓的好心办坏事。

父母先成长,孩子才会成长

如何提升父母的教育素养,让父母认识儿童的世界?在有些教育学家眼里,这些也许都是"小儿科"。但恰恰是这些"小儿科",奠定了整个教育大厦的基石,也奠定了整个教育理论的基石。因为,没有家庭教育的成功,就不会有学校教育的成功;没有父母的成长,就不会有孩子的成长。

父母就是儿童最初的世界

与孩子一起成长,是好父母的共同特征。孩童时代所受的教育影响着人的一生,父母就是儿童最初的世界。家庭教育对人的影响刻骨铭心。

我们都是从儿童而来

每个成年人都是从儿童时期而来。但是,我们往往容易忘记自己在童年时的梦想与感受,忘记自己只是昔日的儿童。我们喜欢把成人的思想、态度和期望强加给我们的孩子,让孩子实现我们没有实现的梦想,做儿童不想做的事情。这时,我们已经离开了儿童。

---

[1] 朱永新:《蒙台梭利教育箴言》,中国人民大学出版社,2016。

童年，是孩子一生的宝藏

儿童的当下才是最重要的。童年生活直接决定着儿童未来会成为怎样的人。儿童阶段是为人的生命奠基的关键阶段。童年，是孩子一生的宝藏。

用心洞察孩子的内心世界

儿童的情感其实是非常细腻的，父母只有具备比孩子更加细腻的情感，才能够洞察儿童的世界。父母想要关注孩子的内心感受，就必须学会观察孩子。孩子的情感世界是如此细腻，需要我们真正用心才能体会。

过度的爱会使孩子消化不良

现在的父母在教育孩子的问题上总体呈现出过度化的倾向。父母们往往在爱的名义下，没有节制地把各种东西塞给孩子。其实，正如吃多了把胃塞满了，孩子就会消化不良一样，精神上的过分营养，也会导致消化不良。所以，应该学会智慧地爱，学会有节制地关心孩子，尽可能让孩子学会自主学习。

父母要做孩子成长的陪伴者

蒙台梭利说："成长是一个非常神奇的过程。"[1]刚刚出生的孩子，正站在人生旅程的起点，处于成为人的开端。用一种虔诚的、欣赏的心态对待新生的婴儿吧，他们的未来是没有边界的，他们的力量是不可估量的。做他们成长的陪伴者吧！

---

[1] 朱永新：《蒙台梭利教育箴言》，中国人民大学出版社，2016。

做父母是一次珍贵的成长机会

世界上所有的事情都有两面性，得与失，进与退，等等。为人父母也是如此。当我们抱怨孩子的哭闹让自己无法入眠，孩子的纠缠让自己无法做事时，不妨用欣赏与探究的眼光看待这一切，在孩子的身上重新发现自己的成长历程，进而真正做到与孩子一起成长。

与孩子一起"进学校"

苏霍姆林斯基说过，办父母学校是他作为校长最重要的工作之一。我们虽然没有机会进入像苏霍姆林斯基笔下那样的父母学校，但是也一样能够创造各种机会学习，享受与孩子一起成长的快乐。如果你没有机会进入父母学校，那么你不妨自己制订学习计划，学习作为父母应该知道的知识与技能。

犯错就是一次学习的机会

父母与老师没必要在孩子面前扮演"完美无缺"的人。当我们出现错误的时候，坦然承认错误，是最好的办法。在孩子面前承认错误不会丢脸，也不会失去信任，相反，会让孩子觉得老爸老妈也是普通人，也会犯错误，这样孩子通过学习父母如何改正错误，能够把自己的事情做得更好。

给孩子一片纯净的天空

真正的爱，真正对孩子好，当然不只是满足孩子的物质需求，而是为他们创造一个好的环境，这个环境既指物质更指精神，是父母用智慧给孩子创造出属于孩子自己的天空，从而让孩子在这个环境中开心地成长。

第十二章　家校共育，实现完美教育

学校教育与家庭教育如果没有教育共识，效果就会相互抵消，就意味着失去了教育的完整性……
——朱永新

家庭与学校应该成为教育的共同体

家庭与学校应该成为教育的共同体，共同承担起教育孩子的责任。父母要注意采用适当的方式克服两种倾向，即过多责备老师，偏向孩子；或偏向老师，过多责备孩子。父母应实事求是，鼓励、帮助孩子正确对待不公正待遇；应努力成为学校、老师的好帮手，帮助孩子健康成长。

由于社会普遍关注的焦点是学校教育，父母更多考虑的也是学校教育，而忽视了他们自己才是真正的教育基础，才是决定孩子命运的关键。学习型的家庭中，父母与孩子是共同成长，甚至是相互影响的。

独乐乐不如众乐乐

我们大部分父母都只知道让自己的孩子快乐，而不知道教自己的孩子让别的孩子快乐。其实，世界上最快乐的事情是与别人一起快乐，所谓"独乐乐不如众乐乐"也。所以，一定要教孩子与别人一起游戏玩耍，学会分享，学会帮助别人。正如陈鹤琴先生所说，要培养儿童的人格，我们一定要他去帮助人，使人得着快乐。

教育蕴藏在生活的细节中

处处留心皆学问,人情练达即文章。德行的养成与知性的养成是相辅相成的,是寓于学科教学之中的,寓于学校生活之中的。当然,也是寓于家庭生活的所有细节之中的。因此,父母应该抓住一切机会,利用一切可能,注重孩子的道德养成。

家校共育,教育才更完整

家校合作共育是新教育十大行动之一,是教育的基石。父母与孩子、教师与学生共同成长是教育成功的重要标志。家校合作看起来只是父母参与了学校生活,本质上却意味着教育的完整性。它对于塑造真正的人,对于儿童的成长,对于父母自身的成长,对于学校的成长,都具有十分重要的意义。

教育者不是指挥者而是观察者

父母和老师应该尽可能担任观察者的角色,而不是指挥者,有许多时候甚至不是参与者的角色。这就要求我们要学会观察,学会欣赏。因为,孩子终究要自己长大,我们无法代替他们成长。能够了解一些儿童心理,懂得如何欣赏孩子,这样的观察恰恰是正确教育的前提。

父母不要帮倒忙

没有父母不希望把孩子培养成为优秀的人。没有父母不希望孩子成为有出息的超越自己的人。但是,愿望归愿望,现实归现实。在一定程度上,许多父母是在帮教育的倒忙,只关心孩子的分数,只关注孩子的考试成绩,而对于孩子应当如何做人，如何养成良好的性格与习惯，却不闻不问。结果往往是南辕北辙，事与愿违，帮了孩子的倒忙。

孩子所在的环境就是教育环境

家庭和学校的许多环境，应该考虑儿童的特点和需求。如许多学校的教具又重又大，让孩子无法搬动，就会产生无力感；各种照片、展览、告示等如果高高在上，就超出了孩子的视野高度。所以，创造适合孩子的环境，不是简单的"过家家"游戏，而是服务于真正的儿童生活。

环境本身也是教育的内容

家庭和学校应该成为汇聚美好事物的中心。在学校、家庭，我们往往过分强调了教育的内容，对于环境的好坏重视不够。事实上，环境美丽的地方才是适合生活的地方，环境本身也是教育的内容。

错误的教育比没有教育更可怕

如果把受教育的程度分为三个层次的话，大致可以分为正确的教育、未受教育和错误的教育。这三者可以分别用 +1、0、-1 来表示。也就是说，错误的教育离真正的教育更远。这对于父母和教师来说是值得重视的。我们许多人或者是没有受过教育的专门训练而成为父母，或者是虽然经过训练，却是用错误的理论武装起来的，这样，我们其实是在摧残孩子。

增加善就是减少恶

一个国家的教育是什么样子，她的明天就是什么样子。一位著名的科学家说，特朗普的上台是美国教育的失败。的确，所有的领导人都是从我们的教室，从我们的课堂走出来的。要真正做到让社会里的恶的数量减少，善的数量增加，我们的学校里就要尽可能减少恶的数量，增加善的数量。

绝知此事要躬行

如果教学过程只是以知识为中心，不注重知识的应用，儿童在心智上的洞察力就不会得到实质性的成长。所以，无论是学校还是家庭，在给孩子知识的同时，应该尽可能注重应用，注重背景介绍，注重价值分析，注重逻辑分类，真正培养孩子运用知识分析问题、解决问题的能力。

发现和呵护向上的力量

每个孩子在个人行动的冲动、迫切愿望和推进的倾向方面是不一样的，但是无疑每个孩子都有着向上向善的力量，有着成长与行动的潜能。关键是我们父母和教师要学会发现，耐心呵护，提供各种条件和刺激，帮助孩子养成主动、坚定、坚持、勇敢和勤勉的个性。

无须为了明天牺牲今天

几乎所有的父母和老师，都自认为是为了孩子未来的，几乎都希望自己的孩子和学生有一个幸福的明天，但又几乎都是为了明天而牺牲今天，为了未来而牺牲当下。其实，今天与明天，未来与当下，是一条川流不息的河，不仅没有泾渭分明的界限，反而有着直接的联系。

闲暇时间等于发展空间

孩子没有闲暇时间，也就没有了发展的空间。但我们许多父母还嫌学校的功课"吃不饱"，逼着孩子上各种各样的补习班、兴趣班，把孩子的分分秒秒全部填满。这样，孩子自然就没有时间思考，没有时间发展自己的特长，自然是欲速则不达，事倍而无功。

教育应该以健康第一

无论是家庭教育还是学校教育，不可能对学生的错误熟视无睹，听之任之。但作为教育的基本准则，应该把重心放在关注儿童的健康成长上。当儿童有积极的心态面对生活，当儿童主动地用价值标准调节自己的言行，真正的教育才会发生，他才能充满活力，充满阳光。

教育者不应是"教育警察"

我们的父母和老师，往往习惯于当"教育警察"，孩子们遵守规则，不闯红灯，是天经地义的，理所当然的。但是，孩子们稍有过错，稍有违规，马上就要处罚，严惩不贷。其实，当我们的教育把重点放到发现和矫正孩子的错误时，我们的方向就错了。

知行合一，寓教于做

在学校教育中，知识学习与行为训练、品格养成往往是分离的、割裂的。如果在学科教育中不能渗透行为训练和品格养成，教育的效果仍然打了很大的折扣。亲爱的父母，在家庭教育中，我们也需要注意，简单的道德说教和训诫，作用并不大。通过生活与经验来进行，才有成效。

第二辑
梦想因阅读而生

第十三章　一个人的精神发育史就是他的阅读史

阅读不一定能延长生命的长度，但一定可以拓展生命的宽度、厚度和高度。
——朱永新

一个人的精神发育史就是他的阅读史

一个人的精神发育史就是他的阅读史。一个民族的精神境界取决于这个民族的阅读水平。一个没有阅读的学校永远都不可能有真正的教育。一个书香充盈的城市才能成为美丽的精神家园。共读、共写、共同生活才能拥有共同的语言、共同的密码和共同的愿景。

没有阅读就不可能有个体心灵的成长

没有阅读就不可能有个体心灵的成长，不可能有个体精神的完整发育。
个体的精神发育历程是整个人类精神发育历程的缩影。每一个个体在精神成长过程中，都要重复祖先经历的过程。这一重复，通过阅读可以最为简单有效地实现。

书籍，就是撬动地球的支点

阿基米德从小酷爱阅读，家里的藏书读完以后，他经常到当地的其他知名学者家中借书来读，学者们也很喜欢他。阿基米德在数学、物理学、天文学等方面都取得了重大的成就，他曾经满怀豪情地说："给我一个支点，我就能撬动地球！"这位希腊最伟大的科学家，为人类的进步做出了巨大的贡献，不仅影响了当代，也对后世产生了深远的影响。

其实，书籍就是撬动地球的支点。

阅读使我们更接近人生的梦想

人类历史上有很多精神丰碑，要达到或者超越那些精神高峰，阅读和思考是唯一的途径。

阅读，不一定使我们变得更加富有，但一定可以使我们变得更加智慧；不一定能改变我们的长相，但一定可以改变我们的品位和气质；不一定能延长生命的长度，但一定可以改变生命的宽度，增加我们生命的厚度，提升生命的高度；不一定能实现我们的人生梦想，但一定可以使我们更接近人生的梦想。

改变，从阅读开始

环境的艰苦和贫瘠，不是一个人思想贫瘠的借口。一旦不能拥有读书这个"奢侈品"，我们的全部世界就是我们的日常生活，我们的梦想就会被污浊的环境所湮没，被细小的夹缝所埋葬。

当我们失去一个又一个梦想，就会逐渐沦为生活的奴隶。

阅读，是一种主动地承继和发展的力量。阅读作为人类行为，它源于书籍却不限于书籍。阅读绘画、雕刻、音乐，以及阅读不同的人生，可以改变我们自己，改变我们的生活，改变我们的社会，改变我们的世界。改变，从阅读开始。

阅读，通向精神的"金字塔"之巅

网络上更吸引眼球的是广告和娱乐性的内容，人类的理解，特别是人类理性的洞察力，是很难通过网络获得的。人类思想的进化，从信息到知识再到智慧，就像一座金字塔，是精神与智力逐步升级发展的过程。唯有通过书籍的阅读，我们每一个人的智慧才能一步一步地通往精神的"金字塔"之巅。

图书，其实就是一个睡美人

躺在书架上的图书，其实就是一个睡美人，等待着我们用阅读吻醒。如果没有我们的阅读，它只是一堆废纸，就像一具僵尸。只有我们接触它、阅读它、吻醒它，它才会苏醒、复活，真正地成为我们生命的一部分。

读书的静、思、觅、恒

读书者应有的读书品质，概括而言四个字：静、思、觅、恒。
"静"是前提，是抵御外在喧嚣、抛却过度物欲，以古典平静之心阅读。"思"是"思接千载，视通万里"，进而时时闪现思维的火花。"觅"指书的种类、内容，更强调积微有效地利用时间。无"恒"则任何计划、方法都是镜花水月。

精神的书香，永远不会消失

随着电子书的普及，纸质图书的命运受到了很大的挑战。电子书在模仿纸质书的所有细节与功能，包括翻页的声音、墨汁的痕迹，或许将来也能模拟出纸和墨的香味。我相信，改变的永远是形式，而实质的内容，精神的书香，永远不会消失。

读最好的书，做有根的人

不读很好的书，要读最好的书。人是由他读的书造就的，读什么样的书，你就会成为什么样的人。世界上的书浩如烟海，与最好的书对话，就如与最好的人为伍。在书籍匮乏的年代，开卷有益；在信息爆炸的时代，"择卷"更重要。阅读选择是人生选择的重要部分。

越是清楚知识分量的人，在阅读上的选择越谨慎。信息时代呼唤高质量的阅读。茫茫书海，适合我们的永远只能是冰山一角。人与好书相遇，就像与靠谱的人相处一样，是幸运的。以书为伴的人生，是幸福的。

人的精神世界由阅读塑造

在很大程度上，人的精神世界是由他阅读的书籍塑造的。虽然我们早期阅读的书籍有一定的偶然性，但是往往正是这些书籍造就了今天的我们。不要为曾经错过了一些伟大的书籍而后悔，只要有一些书曾经深深地震撼过你的心灵，深刻地影响到你的行为，就足够了。

每个人都有自己的阅读史

每个人都有自己的阅读史，每个职业也都有其理想的阅读书籍。读什么，在很大程度上影响着我们会成为什么。所以，根据自己的职业和兴趣，选择一些能够帮助自己成长和发展的书籍，是我们每一个人必须努力学会做的事情。

除了要读几本"垫底"的书，"急用先读"也不失为一种好方法。

有阅读，不孤独

有不少人抱怨，自己周围没有阅读的氛围，一个人读书"好孤独"。其实，法国作家马塞尔·普鲁斯特曾经说过："我相信就其本质而言，阅读是一个在全然的孤独之中，仍令人心满意足的沟通奇迹。"阅读，看似孤独，其实是置身在最丰富的精神世界之中。

以书为伴，孤独也是一种享受，深刻而丰富；你的"闲暇"也将卓有成效；你的"幽静"也将变得烂漫多彩；嘈杂也可以宁静和谐。书籍有一种神奇的力量，它建立起一个属于你的世界，在这个世界，你就是国王。离群索居不觉得孤独无助，闲暇生活也不觉得无聊发慌。幽静的日子同样灿烂，嘈杂的环境照样安宁。

书，是人生最重要的"伴侣"

每个人的阅读史内容虽不尽相同，但形式永远相似。在人生的不同阶段，总有一些伴随着我们前行的书。这些书，如日似月沿途相伴，让我们不再胆怯、不再孤单，并且坚定地行走着、跋涉着。在生命的每个时期，大地都是打开的书页，我们的脚印就是那一个个写下的文字，最终将书写出我们自己的故事。

以书为伴的人生，将是幸福的。

多翻书，生活就不会翻脸

有人说："不翻书，生活就会给你翻脸。"我非常有同感。是的，一个人的力量总是有限的，不读书，就少了深度学习他人的机会，就会少了对生活的思考，少了生活的智慧与艺术，生活就会对我们"翻脸"。

你的气质与读书有关

书如同人,都可成为伴侣。读其书,如同读其人;同样,观其友,也如同观其人。与什么样的人为伍,你慢慢地就会成为什么样的人。读书亦如此,读什么样的书,你就慢慢地有了什么样的气质。

金钱从来不能塑造气质,阅读却可以。

三天不读书的结果

一个人的五官固然是天生的,无法因阅读而改变,但读书却能赶走人们身上的愚昧和粗野,使人们在不知不觉中增强了信心,修养了气质,深化了内涵,优雅了谈吐。正如宋代诗人、书法家黄庭坚所说:"士大夫三日不读书,则义理不交于胸中,对镜觉面目可憎,向人亦语言无味。"

可见,阅读的习惯,对一个人是何等重要啊!

读书是人生最美的姿态

齐邦媛老人 85 岁时出版《巨流河》,她希望自己离开世界时仍是个读书人的样子。读书是人生最美的姿态,能够把这个姿态定格多久,就拥有了多久的幸福与美好。

安顿好自己的心灵

在喧闹纷扰、充满诱惑的时代,能够静下心来读书思考,在事务缠身、焦头烂额的时候,能够忙而不乱,不仅需要有驾驭时间的本领,更要有控制心灵的艺术。越是喧哗,越需要心的安宁;越是繁忙,越需要心的闲适。为自己建一个可以安顿心灵的家。

唯有阅读，才是"安顿"精神的家园。

阅读，让我们拥有生活的勇气

阅读，能够让我们拥有生活的勇气。白岩松曾在与龙永图对话时说："读书久了你总会信一些什么，信一些什么就有了敬，有了畏。"其实，"信"就是生活的勇气，生活的信心，生活的信念。人是需要有信仰，有敬畏心的。读书会让人知道世界的深奥，会让人明白自己的无知与渺小，会让人产生敬畏之心。而敬畏之心是建立信仰的重要基础。这一切不需要刻意而为，会在读书中自然而然形成。

用阅读发现自我

一千个读者就有一千个哈姆雷特。阅读，其实就是借助于书籍发现自我的历程。书籍只不过是一个媒介，一个"光学仪器"而已，我们可以借助于它的光来照耀自己的内心，唤醒和发现自己。

确立了"自我"的人，便不可能是一个太过平庸的人。

找到自己的阅读地图

作家林语堂说："世上无人人必读的书，只有在某时某地、某种环境，和生命中的某个时期必读的书。"每个人都有自己的阅读地图，有自己的阅读史。每个人的阅读口味，与他的阅读经历和知识背景有着密切的关系。

请找到自己生命每个时期的必读书，找到属于自己的"阅读地图"。

时时阅读，时时收获

"失意时读书，可以使人重整旗鼓；得意时读书，可以使人头脑清醒；

疑难时读书，可以得到解答或启示；年轻人读书，可明奋进之道；年老人读书，能知健神之理。"关于阅读的名言有很多，这一句也是一条朴素的真理。

阅读，在任何境遇之下，都会让人有所收获；在任何年龄阶段，都会促人成长、进步。

读书的"捷径"

如果我们遇上一位才高八斗的学士，我们应当请教他读了哪些书。才高八斗的人，往往是因书籍的滋养而强大起来的。虽然每个才高八斗的人知识结构不同，阅读的背景相异，但总有一些书建构了他们的大脑，影响了他们的人生。向他们请教读什么书、如何读书，无疑是条捷径。

请教高人，应请教他读了什么书。

文学能够让我们的灵魂安静

法国作家米兰·昆德拉说过："我一直认为，文字是慢的历史，真正的文学不是为了使我们生活得更快，而是为了使生活中的慢不致失传。"

这是一个崇尚快捷的时代。因此，我们自然就会少了许多悠然，许多精致，许多精品。文字是慢的历史，文学能够让我们的灵魂安静。无论是创造还是欣赏，都需要慢的功夫。

万物，皆可阅读

叶圣陶先生告诉我们，除了不能读死书，还要"善读未写书，不守图书馆；天地阅览室，万物皆书卷"[①]。行路和实践，是另一种阅读。现在的

[①] 朱永新：《叶圣陶教育箴言》，福建教育出版社，2013。

看电影、上网等，也是另外的阅读。这些虽无法取代纸质阅读，但也是获取知识的重要途径。

你若有心，万物皆是"书"。

超越自己的重要路径

阅读的过程，其实就是寻找自己、发现自己的过程。林语堂说："世间确有一些人的心灵是类似的，一个人必须在古今的作家中，寻找一个心灵和他相似的作家。他只有这样才能够获得读书的真益处。"其实，这正是借由阅读去认识自己，并且在这个基础上学会超越。

读书，不仅仅是人生最划算的事，还是超越自己的最有效的"路径"……

人生三原则

朱光潜曾说："书是读不尽的，就是读尽也是无用，许多书都没有一读的价值。"的确，人的时间、精力总是有限的，应该把有限的生命用来做有意义的事，读有价值的书。所以，学会选书读很重要，因为"多读一本没有价值的书，便丧失可读一本有价值的书的时间和精力"。

交有思想的朋友，做有意义的事，读有价值的书，是不是人生的三原则呢？

我读故我在

没有阅读就没有个人心灵的成长，没有人的精神的发育。我们的世界观、价值观其实早在童年的阅读中就已经悄然形成，甚至决定了个体精神成长的广度和深度。

读书、思考、成长——我读故我在。

"物我两忘"的阅读

阅读行为是有深浅高低的不同的。读同一本书，每个人的收获也是完全不同的。所谓用真正的精神去阅读真正的书籍，就是全身心地投入，与那些伟大的著作对话，字斟句酌地批注，聚精会神地考量，在阅读中建构自己的精神家园。

用"物我两忘"的阅读境界与习惯，造就一个独特的"我"。

用阅读，致敬青春

读书如同寻找朋友与知己，无论清晨还是黄昏，我们都能够在阅读中与那些伟大的灵魂相遇，我们自己的灵魂也因为这样的相遇而变得敞亮。

心灵的房间也是需要经常清扫的。阅读能帮助我们保持心灵的干净、清爽，保持心灵的青春状态。因此，阅读也是对青春的致敬。

阅读要有生活经验支撑

好的作品人人可读，但不是人人得以受用。那些得不到受用的人，是因为自己的生活经验太少，不能与好作品的作者做朋友，不能听懂作者的心声，从而充实自己的生活经验。

要重视那些能与你交流的书。能引起你感悟的书，就是适合你的好书。

读者，是最高贵的身份

读者是一个美好的身份。人的身份有许多种，人的职业更是千差万别。许多时候，我们无法改变我们的职业和身份，但我们不必妄自菲薄，因为在知识的海洋里，在伟大的思想面前，我们可以拥有同一种身份——读者。

在精神的世界里，每一个人都是平等的，读者的身份是最高贵的。

悠然自得的快乐

"读书之乐乐何如？绿满窗前草不除。"这是宋代翁森的《四时读书乐》里的一句。明代陈继儒的《小窗幽记》也有"闭门即是深山，读书随处净土"的说法。读书不是为了逃避现实，而是为了陶冶情操。

读书的快乐只有真正的读书人才能明白。

书不在厚而在智

哲学家尼采说："我要用十句话说出别人用整本书才能表达的思想，说出别人用整本书也没能表达的思想。这就是我的抱负。"[①]其实，如果我们能够在一本书中读到一句真正打动我们心灵的文字，或者能够在一本书中找到一个让我们心心相契的思想，这一定是一本了不起的书。

话不在多而在精，书不在厚而在智。

书，让人生充满底气

能够做到寂寞时不寂寞，孤单时不孤单，是因为有书为伴。书是最忠实的朋友，对我们不离不弃、有情有义，让我们有底气拒绝想拒绝的，放弃想放弃的，在"嚣烦尘世而自尊自重自强自立，不卑不畏不俗不谄"。

书籍，是人类最好的朋友

书是我们最有耐心、最使人愉悦的朋友。无论身处逆境，还是遭遇苦

---

① 尼采：《尼采全集》，中国人民大学出版社，2011。

难，它都不会背弃我们。作为朋友，书籍是最忠诚可靠的，它永远不会背叛和出卖你。无论你如何对待它，它都会耐心地倾听你的诉说。它在我们迷茫时为我们指点迷津，在我们孤独时给我们心灵慰藉。

善待书籍就有了终身好友。

成功者的最大秘密

比尔·盖茨曾说，所有的成功者都是阅读者，所有的领导者都是阅读者。快速阅读是获取信息、赢得成功的最大秘诀。虽然不一定所有的阅读者都能够成为成功者和领导者，但是所有的成功者和领导者一定是阅读者。

精神的富有才是真富有

真正的贫穷是没有知识，真正的孤独是没有思想，真正的堕落是没有方向，真正的偷懒是没有追求。这一切的原因都在于没有养成读书的习惯。与书相伴才有多彩人生。

精神的富有是真富有，思想的交流是真交流。

读书须耐得住寂寞

古人的"十年寒窗"之语，早就明示了学习、做学问要有刻苦、恒久的决心和毅力。而在当今时代，更要甘守清贫与寂寞，孤身一人，孤灯一盏，以书的博大来温润自己的性灵，从而执着地追求精神的成长。

感恩的书籍

作家张抗抗说："书是一种懂得报答的灵性之物，人们用眼睛抚摸过它之后，它便把自己在尘世间占有的位置隐缩了，复归并拓展于人的心灵。"

书的生命是人激活的，是通过阅读"吻"醒的，所以，书会报答给予它生命的人，帮助他更有智慧，更有情感，更有力量。我们在热爱阅读的同时，应该学习书懂得感恩的品质。

阅读是让灵魂享受的事情

人生活在两个世界，即物质世界和精神世界。要过日子也要放飞灵魂，就是希望我们不仅要过物质世界的日子，也要过精神世界的日子。灵魂的享受与身体的享受，虽然是两种不同的体验，但是前者的至乐境界绝不亚于后者。

阅读，是让灵魂享受的事情。

腹有诗书气自华

有人说，一个人的语言越来越暴力，说明他的内心越来越脆弱。内心强大的人不需要用外表来装饰，也不需要强词夺理用气势压服别人。腹有诗书气自华，这里的"华"不是华丽与张扬，而是丰盈与充实。所以，我们经常看到，越是有学问的人，越是平和谦虚，越是半瓶子醋的人，越是口无遮拦。

阅读让我们认知世界

王蒙先生曾说，少年的阅读在于"发现"，青年的阅读在于"激扬"。是的，没有阅读，我们对于世界的感知是模糊的，通过阅读我们看到了一个更加清晰的世界；没有阅读，我们对生命的认识是肤浅的，通过阅读我们看到了更有价值的生命。

专注读书，风度自来

读书，是培养一个人心平气和的最好路径。浮躁的人是读不进书的。专注精神是阅读需要的状态，它也只有在心平气和时才能够做到。

书读多了，世界就变得更大了，风度和气质也就有了。读书是培养一个人心平气和的最好路径。

阅读的价值就是种一棵树

有人曾经打过这样一个比方：我们需要一张桌子，可以种一棵树。但是，如果种一棵树只是为了制作一张桌子，就忽视、蔑视了一棵树的价值。一棵树，可以保持水土，可以成为一道好风景，可以供人遮阳避暑，可以让鸟鸣唱、筑巢，可以花团锦簇、果实累累……这就是一棵树的价值。

阅读的价值有时就是一棵树的价值。

好书不厌百回读

经典是那些你经常听人家说"我正在重读……"而不是"我正在读……"的书。

有些书翻阅一次就够了，但真正的经典是需要不断阅读的。重读经典，我们经常会有新的发现。人的一生总有一些重要他人成为终身的朋友，也应该有一些重要书籍成为一生的最爱。

阅读让我们更智慧地生活

每个人的生活世界总是有限的，因此我们的经验也是局部的。要想"活得更多"，就可以到文学的世界去，与另外一些人生活，体验另外的世界。

正如法国作家加缪说的"文学不能使我们活得更好，但文学使我们活得更多"①。

其实，在"活得更多"的同时，我们也会"活得更好"，因为阅读会让我们更智慧地生活。

做一个快乐的读书人

阅读可以让一个人的精神世界充盈起来，明亮起来。阅读也可以消除人的烦恼和忧愁，可以缓解人的愤懑和怒火，可以振奋人的心灵和精神。对于真正的读书人来说，只有书才能让他宁静下来，才能让他进入物我两忘的境界。做一个快乐的读书人吧！

阅读对于生命唤醒的独特价值

阅读对于生命唤醒的独特价值在于：书籍在生命独自面对另外一种精神与情感的情境时，为之架设起了灵魂交流的场域，使阅读本身和人精神的汇通变得可能，从而充盈了个体生命的精神生活世界，赋予了个体生命更多的意义，让人不断实践高尚的人生价值。这种读者与作者之间、读者与读者之间的互相映照反复出现，也就意味着自我教育的不断实施。

阅读不能改变人生长度，但可改变人生宽度和厚度

阅读不能改变人生的长度，但是它可以改变人生的宽度和厚度；阅读不能改变人生的物象，但是它可以改变人生的气象和品质。外在的相貌和基因无法改变，但是人的精神可以通过阅读而蓬勃葱茏，气象万千。

---

① 阿尔贝·加缪：《加缪全集》，译林出版社，2018。

我们读过的书，才是我们的精神食粮

我们读过的书，与我们吃过的食物会对我们的身体产生作用、留下痕迹一样，也会对我们的精神产生作用、留下痕迹，会以某些特殊的方式来影响我们的生活。

阅读能够打破时空限制

通过阅读，我们能够打破时间空间的限制，看见不同的生活、不同的风景、不同的人生。我们不需要通过自己的尝试错误而获得智慧，而能够通过观察别人的生命、了解别人的活动而增长自己的智慧。

阅读，让我们和世界站在一起

阅读能够让我们远离孤独。阅读，让我们和世界站在一起，让我们和别人连接在一起。

阅读，就是帮助我们看世界的眼镜

我们需要用阅读探索世界。我们看世界，总是受到许多因素的制约，或是近视、老花等身体因素，或者粗心、马虎等心理因素，都可能让我们无法清晰把握这个世界。阅读，就是帮助我们看世界的眼镜。

阅读，就像给自己的心灵种树

阅读，不就像给自己的心灵种树吗？在我们心中种下一本本美好的书，才能滋养我们的心灵。哪怕生活中遇到痛苦的沙漠，也有力量重新成为绿洲。

阅读推广人，就像为人们的心灵种树

阅读推广人，不就像为人们的心灵种树吗？在人们心中种下一本本美好的书，哪怕只有10%的成活率，也永不放弃，最终创造出精神的绿洲。

不断播下一本本好书的种子，不断培育一粒粒读书的种子

在阅读推广的路上，没有人是孤独的。在全世界，在中国，都有无数阅读推广人在行动。就像种树的男人一样，不断播下一本本好书的种子，不断培育一粒粒读书的种子。我们播下的是种子，更是希望，是力量，是美好，是未来。我愿意和大家一起，种树，种书，全力以赴地耕耘。

阅读也是有胃口的

阅读也是有胃口的，就像饮食一样，好的食物品尝多了，自然就对垃圾食品不感兴趣了。好的作品读多了，自然就知道什么才是伟大的作品，就会寻求那些最美好的书籍。

读书是人生中最美的姿态和状态

读书，不是我们无奈的选择，也不是用来打发无聊的光阴。读书，本来就应该是我们的生活方式。读书是人生中最美的姿态，也是人生最美的状态。能够把这个姿态和状态定格多久，就拥有了多久的幸福美好。

人和书的结合会产生很多奇迹

每本书就是一粒种子，它播到人的心里，会发芽、生根、生长，会让

人成为一个卓越和优秀的人。每个人也是一粒种子，他去传播他读的书，不断地让更多人了解这本书。人和书的结合会产生很多奇迹。

书籍面前人人平等

书籍从不嫌贫爱富，它对于所有的人都是平等的。

书籍，是一个由文字幻化而成的魔术世界

书籍，是一个由文字幻化而成的魔术世界。这是最奇妙的魔术世界。26个英文字母，几千个方块汉字，或者其他各种各样的文字，它们的变化是无穷无尽的，是充满着各种各样的可能性的。在不同作家的笔下，文字的不同组合就可以创造出无数打动人心、感人肺腑的文章。

书籍，像照耀我们的太阳一样，让我们的人生温暖而有方向

伟大的著作，一直陪伴着我们的人生。它像照耀我们的太阳一样，让我们的人生温暖而有方向。即使在漆黑的夜晚，太阳也从未离开我们，它忙碌地去另外半个星球，照耀那些需要阳光的人。再黑的夜，我们心里也有太阳的光芒。

最伟大的知识，就藏在那些最伟大的著作之中

知识就是力量。人类那些最伟大的知识，就藏在那些最伟大的著作之中。伟大的书，本身就拥有伟大的力量，我们只有通过阅读才能拥有这种力量。好的书会让我们更敏锐，更有力。

经典总是与我们"心有戚戚",与我们精神相通

经典总能说出我们经常思考但没有理出头绪的话语,说出我们过去经常想的但没有准确表达出来的思想,说出自己想说而没有说出来的话。经典总是与我们"心有戚戚",与我们精神相通。

经典像一位循循善诱的教师,针对不同的学生因材施教

经典像一位历经沧桑的老人,不断与我们对话交流,每次都不会让我们失望;经典像一个蕴藏着无数珍品的宝库,每一次光临,都不会让我们空手而归;经典也像一位循循善诱的教师,针对不同的学生因材施教。

经典本身会成为一种知识背景

同一部经典,在不同的时代、不同的文化背景下,经过不同语言的转换,被不断地丰富、解释、发展。经典本身会成为一种知识背景,所以要真正理解经典,还是应该尽可能回到它最初的文本,回到它原来的气息。

伟大经典往往被称为"元典"

真正的经典其实也是有生命的,能够繁衍后代的。那些真正伟大的经典往往被称为"元典",它们不仅仅早于其他经典,而且总是能够为其他经典提供话题与思想的源泉。

人类的思想进化是人类与最伟大著作对话的过程

对人类的思想进化来说,从信息到知识,从知识到人类的理解,从人

类的理解到人类的智慧是一个精神和智力逐步升级的过程，也是人类与那些最伟大的著作对话的过程。每一个人、每一个民族都在对话中一步步往上爬行，汇总起来就构成历史以及我们当下所处时代的精神高度。

"根本书籍"会把我们带到更加遥远的地方

人生需要一些影响自己的世界观、价值观、人生观，影响自己的思维方式和生活态度的书籍，新教育称之为"根本书籍"。它们会把我们带到更加遥远的地方。

伟大的作家就是伟大的建筑师

伟大的作家就是伟大的建筑师，他创造的精神景观，其宏伟、其瑰丽、其奇妙，绝不亚于任何伟大的物质的建筑，甚至也不亚于大自然鬼斧神工的作品。

伟大的精神建筑能够永恒屹立

伟大的作家，是能够帮助人们独立思考，坚守人格的。因为，他总能够在黑暗中看到光明，在人性中看到神性。伟大的物质建筑可能会遭到战争、灾害的毁灭，伟大的精神建筑却能够永恒屹立。

第十四章　美好的童年一定有好书相伴

半亩方塘一鉴开，天光云影共徘徊。问渠那得清如许？为有源头活水来。①
——朱熹

在童年播下最美的种子

童年的秘密远远没有被发现，童书的价值远远没有被认识。

每个孩子都是失去翅膀、落入凡间的天使。阅读，将让书籍成为心灵的双翼，让孩子重新变成我们身边真正的天使。

美国诗人惠特曼说："有一个孩子每天向前走去，他看见最初的东西，他就变成那东西，那东西就变成了他的一部分。"所以，在幼儿时期，我们要选择最有价值，最具真、善、美的童书给他们，在他们幼小的身体和纯洁的心灵中，播下最美好的种子。

没有童话，就没有童年

苏霍姆林斯基说："童话，形象地讲，这是能够吹燃孩子思想和言语火花的清新微风。"②童话是童年的粮食，童话是童年的财富。儿童通过童话去发现美，发现真理。童话，帮助孩子宣泄着情感，形成着智慧，孕育着

---

① 朱熹:《朱子全书》，上海古籍出版社，2002。
② 朱永新:《苏霍姆林斯基教育箴言》，教育科学出版社，2016。

希望。

没有童话，就没有童年。

童年的种子，更容易扎根

童年是最美好的岁月，童书是最美丽的种子。阅读为孩子们的精神世界打上美丽的底色，在孩子们心中播下美的种子。历经岁月，这些美的种子，终将开出美妙的花儿。

对孩子来说，早期的阅读是扎根在他们心灵深处的永恒记忆。童书中孕育着动物、植物、人物等美好形象，承载着人类美好的情感——尊重、友情、爱、善良。儿童的心田是丰茂的，播下美好的种子，就可以长成参天的大树，伴随其一生。成年以后，同样的心田可能会板结，播下的种子会难以生根发芽。

所以，儿童早期的阅读非常重要，那些美丽的童书和美好的故事，就是那美好的种子。

儿童时期是阅读的关键时期

阅读最关键的时期是儿童时期，因为儿童时期是人的精神饥饿感形成的关键时期，是阅读兴趣与阅读习惯形成的最敏感时期。在这个时期，一旦孩子发现了这个智慧宝藏、思想之源，好奇心得到了满足，就会养成终身阅读的习惯，阅读也就会成为他的一种生活方式。即使他今后从事着与阅读毫不相关的工作，也会与图书为友。

初见的，应是最美的

我们鼓励儿童读书，但不主张儿童随意滥读。因为，儿童最初见到的是什么，就可能成为什么。童年的秘密远没有被揭示出来，阅读的秘密也远没有被揭示出来。可以说，人的一生都是围绕童年展开的。童年见识的真、善、美越多，心中的真、善、美就越多，他就很有可能成为那样的人。

做好孩子阅读的"掌舵人"

把孩子简单丢进书的海洋里，不会游泳的孩子很可能被淹没。在激发孩子阅读兴趣的同时，如何为他们进入阅读的世界做好准备，如何帮助他们掌握阅读的技巧，和为他们选择图书一样重要。

孩子小的时候，对于他读什么、怎么读，应该多加关心。一旦孩子有了高品质的阅读需求，阅读成为他的日常生活时，就没有必要干涉了。

阅读十四年，受用一辈子

叶圣陶先生说："随时阅读的习惯，只有多读课外读物才能养成。"人生前十四年坚持阅读，不仅读到的东西会记住一辈子，而且有利于养成良好的阅读习惯。从小鼓励孩子形成自己的阅读兴趣与选书、淘书的乐趣，是非常重要的事情。

童年的阅读为一生奠基

让儿童养成终身与书本相依相伴、不可分离的习惯，是至关重要的。儿童如果在童年时期养成了良好的阅读兴趣和习惯，并拥有一定的阅读能力，他将成为真正的读者，将会拥有终身学习的本领。

童年的阅读为人的一生奠基，为人的精神打下底色。

阅读，不能"偏食"

幼儿有其身体发育和心理发展的特殊性。他们的阅读更倾向于阅读文本的故事趣味性和视觉色彩性，在阅读指导中应该更重视人与自我、人与家庭、人与自然的关系，更需要在认识事物、习惯养成、秩序养成和美德养成等方面加以关注和培养。在阅读选择上，注重经典的同时，也要关注幼儿阅读的丰富性和均衡性。

抓住儿童阅读的关键期

儿童的阅读有许多关键期。在生活的不同时期，儿童会产生不同的精神饥饿感，需要阅读不同的作品。一旦错过了关键期，精神上的缺失就比较难以弥补。这就是《学记》所说的"时过然后学，则勤苦而难成"。对于阅读而言，小学阶段就是所有关键期中最为关键的时期。

引导好幼儿的好奇心

故事能够使幼儿产生并保持对阅读的好奇心，所以，选择怎样的故事就显得非常重要。为幼儿选择阅读的故事，既要注重趣味性，也要注意在童书的类型与阅读主题上的引导。要记住杜威的提醒："如果不引导好奇心进入理智的水平，那么好奇心便会退化或消散。"[①]

在阅读中学会阅读

蒙台梭利说："儿童必须经由阅读学习阅读。"对于儿童来说，阅读能

[①] 约翰·杜威：《杜威全集》，华东师范大学出版社，2010年。

力需要尽早开始培养。蒙台梭利发现，儿童阅读能力的获得，与其说是靠教学，还不如说是靠孩子自己的心智活动来实现的。儿童是先学会了阅读，再开始阅读书本的。

读书，不能只吃"主食"

对于孩子们来说，教材教辅是必要的，那是孩子们在特定发展时期的精神主食。但是，大量营养丰富的精神文化产品并没有收入教科书、教辅书。孩子的身体在成长中需要丰富各异的食物，孩子的精神在成长阶段也同样需要各种各样的食物。孩子们排斥课外书，就相当于排斥营养丰富的蔬菜、水果、蛋奶等副食品。

在阅读中识字

有些父母和幼儿教师会认为，让孩子先学会识字，等他们认识了一定量的文字后，就可以放手让孩子去进行自主阅读，这样就可以节省大量的教育时间和精力。事实上，了解识字规律的人都知道，靠机械记忆汉字本身是很枯燥而低效的，只有将单个文字放到有意义的文本中，孩子的理解才会更有效。

好的童书可以直抵人心

世界属于儿童，儿童的世界没有国界。有担当的童书，拥有直抵人心的力量，它创造出的美好与感动，会让读者忘记彼此间的文化差异、地域差异和年龄差异，让每个读者都在那一刻成为幸福的孩子。

"听"是儿童最好的"阅读"

与成年人的图画世界不同,儿童的图画世界一开始就是有声音的。不同的声音,都是儿童图画世界的"同期声"。声音与画面的联系,帮助儿童建立了最初的认识世界的独特方式。所以,儿童可以借助声音,把文字作为图画来认知,来感受,可以在不认识文字的时候滔滔不绝,甚至一字不差地传达图画书的内涵。

发现童书的巨大价值

童书的价值远远没有被认识。我们长期只关注儿童的躯体发育,而忽视了儿童的精神成长,乃至于现在,孩子们物质的充盈与精神的贫瘠形成了极大的反差与鲜明的对照。

儿童都在"吃"语言

儿童对于好的图画书是百"听"不厌的。日本"绘本之父"松居直认为,孩子在上学前用耳朵听过多少语言非常重要。儿童不是读语言,而是"吃"语言。儿童把图画书里的语言"吃"进去,然后从他们自己的嘴里说出来。孩子在说图画书的时候,尽管不一定识字,但是往往能很清楚地讲出来。

用故事滋养孩子的心灵

在儿童成长的每一时期,一定有着这一时期最适宜的童书。这些精心挑选的书籍,会在娓娓动听的故事中,告诉孩子什么是和平、尊重、爱心、宽容、乐观、责任、合作、谦虚、朴素、自由、团结、专注、想象、宁静、勇气、敬畏、热忱、虔诚、感恩、纪律、反思……在这样的不断给予、反复唤醒中，孩子心灵深处那些与生俱来的真、善、美的东西，由此得到充分滋养，并悄然萌芽。

活读书，读活书

教育家陶行知说："书籍有死的也有活的。"[①]对孩子的精神成长而言，给儿童读什么书和每天读书学习的内容是否合理都非常重要。为孩子选择那些最伟大的经典，建构合理的知识体系，从而养成阅读和思考的习惯，是非常重要的事情。

读书的最高境界，是活读书，读活书，读书活，因此，有字书和无字书，两种阅读不可偏废。

选择可以打开孩子思维的图书

我们在选择图书时，既要关注作品的趣味性，也要关注作品中的形而上的思考，尽可能考虑那些描写当下儿童的现实生活、没有距离感的图书。但同时，我们也希望孩子们能够在有一定距离的地方眺望自己，不仅能与书本中的人物同悲共喜，而且能在合上书本以后有一些形而上的思考。

儿童的价值观是立体的

事实上，儿童对价值的认识，不是通过我们的道德说教来完成的。你跟他讲要爱别人，要帮助别人，要有同情心，但我认为这些东西只靠概念的灌输永远不可能真正打动孩子，只靠说教永远不可能真正扎根在孩子的心灵里。真正进入孩子心灵的是一个个生动的人物、具体的形象，只有这些形象所传达的信息、所反映的理念才能真正在孩子的心上生下根来。

---

① 朱永新：《生活与教育——朱永新对话陶行知》，商务印书馆，2021。

点燃孩子心中的小火苗

每个孩子的意识中都存在着渴望获得知识的火花。维持火花的重要动力是孩子之间的精神交往，是思想的交流、争论、碰撞。没有朋友的孩子是孤独的，而没有深刻思想的朋友的孩子，他的精神是贫瘠的。让你的孩子读书吧，让你的孩子交友吧！

书，常读常新

虽然书本身不会变化，不会长大，但我们自己是在不断变化、不断长大的。所以，重新阅读青少年时代曾经感动过我们、影响过我们的作品，会有许多新的发现。因此，我们在重读的过程中也赋予了作品新的生命。

浇花要浇根，教人要教心

浇花要浇根，教人要教心。从小培养儿童注意周遭的人、事、物，并对其有所感觉、感触、感动或感恩，这是教育的真正本质。对于儿童来说，阅读是他生活的一部分，因为阅读可使他对认知之外的环境产生感情，使他对生活事件更敏锐，从而人生才更有意义和价值。

童书，藏着人类最美好的东西

童年的秘密我们远远没有发现，童书的价值我们也远远没有认识。童书把人类最美好的东西，都悄悄地藏在一个个人物、动物的命运里，借此构建孩子的价值观。

甄别图书，是父母和教师的责任与义务

阅读是有"胃口"的，一开始让孩子吃"肯德基""麦当劳"，慢慢地，其他东西就不爱吃了，他只对"肯德基""麦当劳"感兴趣，他不知道世界上还有其他好东西。读书也是这样，读了一些糟糕的书，对其他的好书就没有鉴赏力了。甄别图书，也是父母和教师的责任与义务。

早期阅读塑造着儿童的精神趣味与人格倾向

"孩提时所有的书都是预言书"，早期阅读塑造着儿童的精神趣味与人格倾向，也多少预测着他的未来。

满足好奇心是激发儿童阅读愿望最重要的秘密

好奇心是打开未知世界的一把钥匙，也是阅读最重要的动力。满足好奇心是发展好奇心最有效的路径，知道自己不知道是让自己知道得更多的最深刻诱因。只要对世界充满好奇，自己就会去寻找答案，就会走进书籍的世界。所以，满足好奇心是激发儿童阅读愿望最重要的秘诀。

爱读书的孩子背后往往有爱读书的父母

孩子是由大人牵着手进入阅读的世界的，无论是自觉的引导，还是无意的带进，大人在孩子阅读方面的作用无论怎么评价也不为过。爱读书的孩子背后往往有爱读书的父母。儿童是通过榜样来学习的。对孩子说一百遍"给我读书"，不如自己捧起书本读给孩子听，更不如自己与孩子一起读书。

父母要把讲故事作为激发儿童阅读愿望的重要方法

绝大多数人都是通过听故事走进书本的世界，从而成为读者的。许多孩子因为喜欢书中的故事，慢慢认识了书中的文字，借助这些文字，又慢慢走进了其他的书籍，发现了新的故事。所以，儿童阅读其实不是从自己独立的阅读开始，而是从"听读"开始的。父母要把讲故事作为激发儿童阅读愿望的重要方法。

把最美好的书籍给最美丽的童年

把最美好的书籍给最美丽的童年。对于缺乏鉴别力的儿童来说，应该尽可能为他们选择最好的书籍，帮助他们形成好的读书胃口，日后他们才能拥有真正的鉴赏力。读经典是最最保险、效率和效益最高的阅读。

读书，是为了让儿童知道有一个更加精彩的世界

读书不是为了记忆，不是为了让儿童成为一个会走动的"书橱"。读书是为了让儿童活得更加明白，为了让他们知道有一个更加精彩的世界。

最好的学区房就是家里的书房

最好的学区房就是家里的书房。把家里的书房建好，让孩子热爱阅读，有了阅读的习惯和兴趣、能力，这样使他产生自我成长的力量远远比父母投资学区房要有效得多。

为了培养儿童的思考力，选些有挑战性的书籍是非常必要的

为了培养儿童的思考力，选择一些有挑战性的书籍是非常必要的。有些书读起来明白晓畅毫不费力，但对儿童来说只是增加一些信息量，或经历了一次娱乐生活而已。有些书读起来有些费力，甚至是艰难的，但恰恰是这些书，会挑战和提升儿童的理解力。当然，这种难度的恰到好处是很重要的，不能让儿童望而生畏。

童书是儿童认识世界的窗口

童书是儿童认识世界的窗口。儿童通过童书认识世界各种联系和关系，认识各种人物的命运和逻辑。儿童从不同的书中不断地感受真与假、美与丑、善与恶，不断地体验、感受、总结、归纳、概括，从具象走向抽象。所以，没有浪漫的感知，就不可能有真切的哲思。

开启阅读，是儿童成为真正的人的开始

对于儿童来说，认识人类创造的文字，开启真正的阅读生活，是他成为真正的人的开始，是他进入人类文明世界的第一步。对于任何个体的生命而言，在人类浩瀚的文字、文献、文化面前，无疑都是太短暂太渺小了。我们必须心存敬畏。

了解孩子，从他们读过的书籍开始

了解孩子，从他们读过的书籍开始，是一个很好的办法。所以，父母和老师不妨为孩子建立一个阅读档案，记录他们读过的书籍。从他们读过的书籍中了解他们的精神成长历程，用书中的人物、故事与孩子对话、交

流,往往会有意想不到的效果。

儿童的阅读是有阶梯的

儿童的阅读是有阶梯的。从图画书、桥梁书到文字书,从童谣、儿歌到诗词,从故事、文学到科学,有一个循序渐进的过程。

第十五章　一个温暖的家庭处处溢满书香

劝君莫将油炒菜，留与儿孙夜读书。①
——《增广贤文》

在家庭中播下读书的种子

阅读好了，家庭好了，教育才会好。万丈高楼平地起，楼越高，基础越需要牢固。教育大厦也不例外。我一直认为，从不同角度来看，教育存在着两大基石，即阅读与家庭。这两个基石本身又可以合并成为一个更大的家庭基石。因为，阅读的种子，是在家庭中播下的。

家有藏书，家最美

手头再紧也要买书，家里再小也要藏书。因为，我们生活在两个世界之中——物质的世界和精神的世界。难怪日本教育家小原国芳也说，到谁家做客，屋里没有书，就好像走进了沙漠。也难怪韩国曾经发起了一个以书柜代替酒柜的运动。

---

① 周希陶:《增广贤文》，江苏凤凰美术出版社，2015。

让孩子拥有自己的书架

孩子的自我教育是从读书开始的,每个孩子都应有一本他心爱的书。帮助孩子建立自己的书架就是在为他建构今后所热爱的领域,并培育好将要扎根的土壤。

教育从孩子出生就已经开始

我们习惯将幼儿园的教育称为学前教育,惯性思维往往让我们忽视了:其实从出生开始,儿童就已经在学习,而且在一定意义上,小学以前的家庭学习更加重要。

孩子读的书要精心挑选

一个人一生之中阅读的书一般不会超过2000本,儿童时代和少年的早期,必须精心选择读物。选择好的书胜过不读书,选择坏的书不如不读书。

图画书有助于建立起儿童与父母的亲密关系

图画书的重要作用之一,就是建立起儿童与父母的亲密关系。因为图画书需要父母讲述,讲述的过程,就是建立关系的过程。孩子依偎在父母的怀里,静静地聆听那些美丽的故事,是儿童永远不会遗忘的记忆。电视里再专业的讲述,也无法代替父母怀抱的温暖。

给孩子营造阅读的环境

苏联心理学家维果茨基说:"家庭教育的经验告诉我们,置身于书本包围中的儿童不加任何训练常常便能掌握阅读。幼儿园试验也表明学前机关是教读书识字的地方。"当然，父母、教师与幼儿通过共读方式，还能找到家庭教育的密码，找到学前教育的密码，从而实现孩子的精神和心灵的真正成长。

阅读的头号"敌人"

看电视如果毫无节制，不啻是书本的头号"敌人"，因为它只需要被动地接受，而阅读却是种负责任的行为，需要主动去理解。孩子由于时代的影响，过早接触到手机、电脑和电视机的"三屏"世界，自然无法静下心来阅读。虽然从电视电影中也能够得到知识受到教育，但成效总不如主动阅读显著。

读给孩子"听"

图画书不是孩子自己读的书，而是大人读给孩子听的书。即使孩子识字，大人也要尽可能念给孩子听。一个年幼的孩子也许不会记住图画书的作者，但是一定会记住念书给他听的人，甚至是记住这个人念书时的声音与表情。

心灵成长从浸染故事开始

在家里，无论是在白天还是在夜晚睡前，父母都可以给孩子讲童书上那些美妙的故事。故事会使孩子和大人一起得到成长。美国教育家约翰·杜威也认为，人的心智生活的轮廓形式，在人生最初的四五年中就已经形成了。人的心灵成长就是浸染在故事中开始的。

人生不过是早期阅读的展开

父母是否在小孩五岁以前经常给孩子讲故事,是影响孩子今后阅读技巧形成的关键。人生的历程,只不过是早期阅读的展开,我们用从书本当中获得的基本价值观,如感恩、慈善、友爱等最伟大的观念和知识在构建世界。

不阅读,终将走进死胡同

很多父母都担心,孩子的课业负担很重,再让孩子大量阅读,是否会影响孩子的学业成绩?这种担心其实是没有必要的。不喜欢阅读的孩子,往往知识面窄,生活枯燥,学习兴味寡淡,学习成绩自然不会太好。而且,越往后走,越学习古板、思维僵化,孩子的学习成绩必将越发吃紧。

我们有能力改变自己

其实孩子是向成人学习的,如果成人世界的阅读荒芜,孩子们的世界多少会受到影响。如果成人社会出现了阅读危机,父母、老师不热爱阅读,孩子们也就不可能爱上阅读。虽然阅读的最佳时间是在中小学阶段,但无论在什么时期,我们都可以开始阅读。无论我们身处哪一个阶段,都是有能力改变自己的。

亲子共读让家庭更温暖

在共同的阅读讨论中,家庭也会发生变化,变得更和谐、更温暖。在现代社会,更需要夜晚灯下亲子共读的时光,需要通过童书沟通亲子之爱。有了无数个共读的夜晚,拥有幸福的将不仅仅是孩子,还有我们自己。因为我们成年人也曾有过童年，借助童书，我们的童年被唤醒，并与孩子的童年发生共鸣。

让儿童的世界充满感情色彩

没有情感的高涨，就不可能有儿童脑细胞的正常发育。儿童在观察世界的时候，本身就充满感情色彩。所以，父母们一定要记住：创造种种条件，让孩子带着感情学习，兴趣盎然地学习，这才是帮助孩子提高学习效率的有效手段。

自主阅读并不是随意阅读

要充分尊重孩子的兴趣，让孩子被图书本身所吸引，引导孩子真正热爱图书，让孩子进行自主阅读。但如果完全以孩子的兴趣为转移，则可能导致读书的随意性，导致阅读的"偏食"，导致孩子鉴赏能力和阅读品位降低，从而对那些单纯取悦和讨好他们的作品失去判断力。

当好精神文化的"守门人"

父母是孩子精神文化的"守门人"。我们希望他们成为怎样的人，就会选择怎样的书。正如王林博士说的那样，图书馆里没有好书，就像人没有灵魂，即使开放也意义不大。"守门人"当不好，就可能隔绝孩子自我学习和成长的机会，这是对孩子时间和兴趣的双重"谋害"。

阅读，应和吃饭、穿衣一样

中小学阶段是阅读的黄金时期，在这个时期，孩子有时间、精力和兴致进行大量的阅读，而且这些阅读会为他们一生的幸福奠基。大学是阅读的重要阵地，过了这一时期，再想安心地进行大规模阅读，已经很少有那样的条件和心境了。应该尽早亲子共读，尽早养成阅读的习惯，让孩子感到阅读和吃饭、穿衣一样不可缺少。

读书如交友，日久易生情

父母们都有这样的感受：孩子们会缠住我们不厌其烦地讲同样的故事。这不是坏事。读书就是交朋友，第一次是认识新朋友，第二次就是再见老朋友。每见一次面，就会加深一次印象，增添一分情谊。

莫让孩子离阅读越来越远

许多父母经常用看电视、打游戏、吃肯德基麦当劳等为"诱饵"，鼓励孩子读书。这样，把本来应该是充满快乐的阅读，与其他儿童喜欢的事对立起来，结果自然是孩子越来越远离阅读。

带孩子到美丽新世界

美国心理学家威廉·詹姆斯说："幼儿时期是一个'繁花似锦、匆忙而迷乱的时期'。"在这个时期，我们不仅要关注孩子的衣食冷暖，更要关注孩子的精神成长，让他们认识周围世界的好奇心得到满足。满足孩子好奇心的东西，无疑就是大自然和图书，它们能够把孩子带入最美丽的世界，塑造最美丽的心灵。

依偎，是人生最温暖的画面

儿童通过图画书建立起自己与父母的亲密关系。因为图画书是需要父母讲述的，讲述的过程就是建立、巩固关系的过程。孩子依偎在父母的怀里，静静地聆听那些美丽的故事，是最美好的时刻。

喜欢，才能享受到乐趣

不鼓励孩子阅读，他们便不会自行去寻找、阅读那些经典好书；把一堆好书扔给孩子，不加引导，不调动情绪，也很难使他们爱上这些书。把书和孩子的年龄、性格、爱好结合起来，让他们在玩中品尝阅读的乐趣，在阅读中提升玩的品位，就能起到一箭双雕的效果！

阅读，谱写家族的历史

格雷厄姆·格林说过："一个人日后会成为怎么样一种人，端看他父亲书架上放着哪几本书来决定。"[1]

家庭中的亲子阅读会产生额外的收获，影响几代人的共同书籍，其实就是他们共同的记忆。这共同的记忆将"维系着亲子感情的温度"，再堆积上"时间的重量"，成为家族的历史。

打开孩子通向世界的窗

自发自主的阅读，会培养孩子的探索精神和怀疑精神。因为，书籍打开了一个个通向世界的窗户，每扇窗户的风景都不相同。孩子慢慢地就会懂得欣赏、比较、分析，形成自己的思想。

好书，也要分时机读

真正的好书，是那些经过大浪淘沙而留下来的经典书籍。但是，最好

---

[1] 唐诺:《阅读的故事》，上海人民出版社，2010。

的书不一定适合各个年龄的孩子——每一本好书都有它相对特定的、相对适合的阅读时机。所以，对于不同年龄、不同喜好的儿童，选择恰当的阅读时机是非常重要的。

个人的精神成长历程是人类精神成长历程的重演

每个人的精神成长历程，在一定程度上重演了整个人类精神成长的历程。人的智慧、人的思想是无法通过基因遗传的，也无法像机器人一样通过芯片植入。尤其是作为情感熏陶、价值观涵养的阅读，没有个人的深度阅读与思考，是很难做到的。

通过阅读与伟大思想对话是个人精神成长的必修课

通过阅读，与那些最伟大的思想、最伟大的智慧对话，不仅是个人精神成长的必修课，也是整个社会进步的重要路径。不仅机器无法替代，人自己也无法代替别人进行阅读。

阅读，为心灵安家

越是繁忙，越需要心的闲适；越是喧哗，越需要心的安宁。只有阅读，才能为自己建一个安顿心灵的家园。

请教高人，应该请教他们读了什么书

高人总有高明之处。请教高人，应该请教他们读了什么书。正是他们读的书，建构了他们的大脑，影响了他们的人生。

阅读，能超越世俗层面建立精神世界，使人超越动物性

人的智慧和思想没有办法从父母那里通过基因来拷贝、遗传。外在的相貌和物质的构成基于遗传而无法改变，但人的精神可以因阅读而蓬勃葱茏气象万千。阅读能够在超越世俗生活的层面上，建立起精神世界，使人超越动物性。

没有被阅读的书就是废纸

家里的书再多都不属于你。没有被阅读的书就是废纸。书的生命是被阅读吻醒和激活的。

第十六章　一个没有阅读的学校
　　　　永远不可能有真正的教育

阅读，让教师更具智慧，教育也因此变得从容而美丽。
——朱永新

阅读是学习的基石，是教育的根

阅读是学习的基石，是教育的根。

如果在十多年的基础教育历程中，一个孩子还没有养成阅读的兴趣和习惯，这样的教育一定是失败的。一个人进学校不一定就在接受教育，只有他真正读书了，那才意味着他真正接受教育了。

学校教育最重要的任务就是培养学生的阅读习惯和能力

学校教育最重要的任务之一就是培养学生的阅读习惯和能力。一所学校一旦解决这个问题，主要的教育任务就基本完成了。

既爱读教科书又爱读课外书的孩子，必然发展潜力巨大；既不爱读教科书又不爱读课外书的孩子，必然愚昧无知；只爱读教科书不爱读课外书的孩子，发展到一定阶段必然暴露自身缺陷和漏洞；不爱读教科书只爱读课外书的孩子，虽然考试成绩不会理想，但升学、就业受阻后，完全可能凭浓厚自学兴趣另谋出路。

学校教育相当于母乳

没有阅读的教育，没有阅读的学习，只是训练，不是教育。

学校教育相当于母乳。把人类最根本的知识，用比较科学的方式整合为适宜孩子接受的形式和内容，在较短时间内让学生掌握。但教科书、教辅书不可能替代儿童成长的精神食粮，就像母乳不可能伴随孩子终生一样。孩子精神的成长依赖于阅读适合身心发展所需的优秀作品。

要让孩子广泛读书，读好书

很多老师和学生说，我们不是天天都在读书吗？其实他们是天天都在看教科书、教辅书。但是，这些并不是我的阅读观所提倡的真正意义上的书。这些书相当于母亲的乳汁，对孩子来说很重要，安全又容易吸收。但如果一个孩子终生都只吃母乳，那他肯定是一个发育不良的孩子。所以，要让我们的孩子发育良好，就要广泛读书，读好书。

拯救孩子的思考力

总体来说，网络、电影、电视大多只能带给人们一时的感官刺激，这种快感是短暂的；而阅读带给人们的既有丰富的感官刺激，也有感官之外的无尽想象，还有对天地人生的深入理解，这种快感是全方位的。过早深度"触电""触网"，会使孩子失去思考的能力，变得只会看不会想。

仅从"课外书"这个概念，就可见学校往往是最顽固地拒绝"读书"的场所。应试为中心的基础教育对儿童的戕害：夺其天真，空其头脑，隔其交往，束其手脚。对幼儿来说，阅读是一种全方位、多维度、简便易行的智力体操。

没有阅读的教育是失败的

我一直认为，学校教育最关键的一点，就是让学生养成阅读的兴趣、习惯和能力。一个学校如果将这个问题解决了，主要的教育任务应该说就算完成了。一个孩子若在十多年的教育历程中，都没有养成阅读的兴趣和习惯，一旦他离开校园就很容易将书本永远丢弃到一边。这样的教育一定是失败的。

主动，让阅读更有方向

主动与被动地阅读，与积极与消极地工作一样，结果是完全不同的。主动地阅读，头脑会像一个聚焦灯，会自觉梳理阅读的内容，把握内在的逻辑，厘清各种关系。提出问题，就是主动阅读的办法，会让阅读更有方向。

学习必须是自动自发的

叶圣陶先生曾经说过，对于一个中学生来说，有两种习惯是必须养成的。一是自主学习的习惯，二是随时阅读的习惯。无论什么事物，一定要等教师讲过了才去关心，教师没有讲过的，即使摆在眼前也给它个不理睬，这种纯粹被动的学习态度和阅读态度是万万要不得的。

把阅读的东西说出来

对于学习而言，仅仅做一名读者是不够的，要检验学习的成效和阅读的结果，说话是一种行之有效的做法，即把自己阅读的东西说出来。清晰地说出来，才表明真正的理解。当然，写出来，也可以理解成是另外一种说。

真正的教育不能排挤阅读

学校教育的去阅读化，是阅读危机的根本原因。在学校教育中，应试主义大行其道，真正的阅读被排挤掉了，很多老师和学生以为阅读就是去读教科书、教辅书，有些老师甚至反对学生阅读那些与应试教育无关的课外"闲书"。在这样的环境下，孩子们根本没有机会读到那些真正伟大的作品。

知识为何没有产生力量

知识之所以没有产生力量，不是因为"读书无用"，而是因为"读无用书"。将"读无用书"变成"读有用书"，才能真正培养出有创造力的人才，知识才会有力量，我们的教育才会长久进步。

越是学习困难，越需要阅读

许多父母都主张孩子必须先把主课学好，有余力再进行"课外阅读"。其实，阅读一定量的学校教学大纲之外的科普作品，能够帮助思维迟缓的学生改善理解力和记忆力。所以，阅读不仅能让优秀的学生更优秀，对于学习困难的学生，也有非常大的助益。

阅读是自主学习的开始

阅读应当成为孩子掌握知识的极为巧妙的工具，同时又是丰富精神生活的源泉。阅读是学生真正自主学习的开始，阅读能力的形成，意味着孩子可以自由地进入未知的世界。应该教孩子这样进行阅读：边读边思索，及早掌握自主学习的工具。

阅读不怕慢，就怕站

时间抓起来就是黄金，抓不起来就是流水。对读书来说，尤其如此。早晨早十分钟起床，可以挤出十分钟读书；晚上少看一点电视，翻几页书应该可以做到；节假日休息时，推掉一两个应酬，就有了整块时间。有时候，说一个"不"字，就赢得了读一本书的时间。

阅读就像爬山，不怕慢，就怕站。

通过阅读而创造

阅读，往往是在追求一颗比我们自己的心灵更原创的心灵。阅读是求新知、求智慧，也是求知音、求理解，更是一个创造和想象的过程。阅读者同时应该是一个发明者，阅读的过程其实也是在创造和想象一个世界的过程。也正是在这个意义上，我们通过阅读而创造。

经典的阅读带来生命的丰盛

让学生仅仅阅读教科书是远远不够的。教科书是人类知识的压缩饼干，知识的营养要素流失是必然的，所以难以真正给人带来生命的丰盈。离开了教科书之外的人类经典的阅读，学生就不可能走得很远。

让孩子与伟人同行

与谁同行，以谁为生命的原型和人生的榜样，对于一个人的成长非常重要。我常推荐青少年阅读那些描述杰出人物的生活经历的书籍，因为，在这些人的身上体现了道德的伟大和美。亲爱的父母，在用心为孩子选择人生榜样的时候，用心为孩子选择几本伟人的传记吧！用伟大人物的故事为孩子启蒙，让孩子与伟人同行！

阅读是另一种人生体验

叶圣陶先生说，有些人把阅读和写作看作不甚相干的两回事，实际上写作基于阅读。[1]孩子们在生活中不可能事事去实践、体验、探索，阅读是生活的扩展，阅读也教给他们如何用语言表达，如何正确地与他人沟通。

读书是思维和智力的体操

读书也是思维与智力的体操。如果不能读一些有挑战性的书、能够刺激自我超越的书，很难有真正的成长。跳一跳才能摘智慧之果。同时还要注意读书方法，"循序渐进、熟读精思、虚心涵泳、切己体察、着紧用力、居敬持志"，在朱子二十四字读书法中，熟读精思是最主要的内容。囫囵吞枣、不求甚解，是很难真正把握书中精髓的，正如饮食，只有细嚼慢咽才能有补于身体。

学校需要一场阅读革命

现代社会要求人们终身学习，我们无法想象，一个没有阅读习惯的学生，在离开校园后将如何进行自我教育，如何持续学习。中小学生的阅读习惯养成还任重道远，学生阅读能力的提升，已是刻不容缓的事情了。在阅读式微的学校里，需要一场阅读的革命。

拯救阅读，从教师开始

阅读与学习无关，这听起来很荒谬，却正是长久以来存在于校园里的

---

[1] 朱永新：《叶圣陶教育箴言》，福建教育出版社，2013。

事实。更为可怕的是，教师作为最应该阅读的职业群体，也放弃了阅读，不少教师只靠几本教学参考书在课堂上打拼。教师不阅读，从某种意义上是整个社会缺乏阅读的现象的缩影。拯救阅读，请从拯救教师阅读开始。

教师是教育的枢纽

对于中小学生而言，成人世界阅读危机的影响，首先可以通过教师的努力来涤除。教师是教育的枢纽，如果教师改变了，教育的现状就会改变。关上学校的大门，关上教室的门，管他外面的世界是否庸俗黑暗，教师就是指挥者。所以，教师必须拥有自己的阅读生活。

两类书，教师不可不读

中小学教师有两类书必须读：一是孩子们一贯喜欢读的书，像《格林童话》《安徒生童话》等经过时间筛选出来的儿童经典读物。读这些，教师和学生才有对话的可能。二是读教育名著。因为人类几千年的教育活动积累下来的好的理念和经验是不变的，读这样的书可以少走弯路。我心中理想的教师，就应该从基础做起，扎扎实实多读一些书，要读《论语》，要读陶行知，要读杜威，要读苏霍姆林斯基……

教师，要跨过经典的桥梁

人类几千年的教育历史中，创造和积累了许多宝贵的教育思想财富，这些财富保存的载体主要是经典的教育著作。通过阅读经典，与过去的教育家对话，是教师成长的基本途径，也是教师教育思想形成与发展的基础。

教育智慧的形成，在一定意义上就是跨越由这些经典构成的桥梁的过程。

图书馆就是名师汇集地

图书馆应该是最精彩的课堂。认真读一部名著，就是接受了一次文化的熏陶，其意义不亚于听一门系统的课程。一个学校的名师数量总是有限的，丰富的图书资源可以为学生提供无数名师。学校应该聘请最优秀的专家做图书馆馆长，把最主要的经费用在图书采购上，为师生的阅读提供最便捷的条件。

教师好读书，学生读好书

学校就是提供了一个读书的空间，一个学生在教师的指导下读书的空间。而学生读书的兴趣与水平又直接受教师的读书兴趣与水平的影响。榜样就是最好的引领。你自己手不释卷，学生们才会嗜书如命。你自己享受阅读，学生们才能趣味盎然。教师要自己乐于阅读优秀的书，成为优秀的自己，引领更多人热爱阅读。因此，教师的读书不仅是学生读书的前提，而且是整个教育的前提。

终身阅读，让孩子走得更远

一个孩子在学校里成绩虽然普普通通，但若对阅读产生了浓厚的兴趣，养成了终身学习和阅读的习惯，那他未来一定会比考高分的孩子走得更远。因为这意味着他已经形成了终身学习的能力，形成了让自己拥有心灵家园的本领。学校教育不仅要给孩子们提供最初的生命滋养，更重要的是，要通过提倡自主阅读让孩子们学会自由飞翔。

为教育奠基，从深度阅读开始

我们所有的学科都应该有深度的阅读，只有通过深度阅读，才能真正地把孩子们带向学科的广博与深邃，把知识的小溪汇聚为海洋。阅读绝对不仅仅是语文老师的事情，应该是整个学校的事情，所有学科的事情，是教育最基础的事情。

读书破万卷，教学如有神

读和教是相辅相成的，没有高层次的阅读，就没有高水平的教学。作为一名青年教师，我们要学的东西还有很多，要成长为一名优秀的人民教师，就要督促自己从今天开始认认真真读些好书。只有"读书破万卷"，才能"教学如有神"。

没有阅读的生命缺少光彩

忽视阅读的教育容易走进死胡同。缺少必要的阅读，会使我们的学校异化为分数竞争的训练场，也使得我们的教师和学生在他们的教育生活中缺少生命的光彩和幸福。

大学是阅读的天堂

大学是阅读的天堂。严格说来，大学是一个提供了最大的读书空间与时间的场所。阅读对于大学生专业素养的形成，对于大学生人文精神的形成以及创造能力的培养，都具有非常重要的意义。

大学里，图书馆应该是最精彩的课堂。

最好的阅读要活学活用

最好的阅读，当然是要活学活用。因此对于我来说，最好的书，就是那些曾经深刻影响到我的思想和行为的书。对于教师来说，除了教育理论著作，还有文学名著、社科经典，而名人传记，尤其是优秀教育家的传记则是能最直接地汲取精神力量的读物。

书籍是思想的发动机

书籍不仅能够给我们思想，还能够真正地让我们的思想飞起来。在阅读的过程中，我们得以思接千载、视通万里，打破时间与空间的限制，思考宇宙与人生的真理。在阅读的过程中，我们曾经的阅读和经验才能再次苏醒。所以，书籍也是思想的不知疲倦的发动机。

读书贵有疑

人云亦云、照单全收的阅读，只能培养储存知识的"两脚书橱"。学问贵问，读书贵疑。读书需要带着怀疑的眼光、批评的态度，要把书本上所写的，放到现在的时间和空间背景下重新审视。

所以，要用勤奋去获取书中已明之识，用心智去探索书中未明之理，而不能成为书本的奴隶。

读书态度不同，收获便不同

读书有三种态度：一种是绝对信从的态度，凡是书上说的话就是天经地义。另一种是批判的态度，用现实生活来检验，凡是对现实生活有益处的就取它，否则就不取。还有一种是随随便便的态度，从书上学到些什么，就用来装点自己，以便同人家谈闲天的时候可以应付，不致受他人讥笑。这三种不同的读书态度，收获自然大不相同。

阅读的高度决定精神的高度

那些没有价值的书，就像那些垃圾食品，不仅对人的健康毫无益处，而且会伤害我们的身体。那些糟糕的书籍，不仅对我们的心灵毫无益处，也会伤害我们的心智。阅读的高度决定精神的高度，读经典的书、有价值的书，也会让我们的生命更加有品质，更加高贵华丽。

书籍是有生命的

书籍是有生命的。有的书，一出生就死去了，而且永远不会再复活。有的书，出生后并不受人重视，但是它顽强地活着，一直在寻找自己的知音，它不仅有着强大的生命力，而且有着强大的自信心，终于在某一天有了属于自己的高光时刻。有的书，一出生就声名显赫，时间的大浪淘沙永远洗不掉它的芳华，在不同的时代被不同的人解读，是一棵长青的不老树。

书籍，是思想的"矿藏"，智慧的"水库"，情怀的"花树"

书籍是思想的"矿藏"，通过阅读和伟大的思想"交锋"，能雕塑我们的品位与气质；书籍是智慧的"水库"，通过阅读"接住"智慧的澄澈之水，能擦亮我们的品相与灵性；书籍是情怀的"花树"，通过阅读感受高蹈、澡雪之美，能明净我们的品德与人格——阅读对于个体的精神成长至关重要。

有精神饥饿感的人，阅读就是刚需

当一个人把阅读作为一种生活方式时，他就有了一种精神的饥饿感。

有精神饥饿感的人，阅读就是刚需，就会主动、自觉、自愿地阅读。

无限相信书籍的力量

无限相信书籍的力量，这是教育应该恪守的宗教教义般的信条。只有阅读成为学校里最日常的行为，阅读才能真正成为教育最神圣的使命，学校才能真正成为丰盈心灵、强健精神的育人之地，青少年的生命也会在与最伟大的作品的碰撞中，绽放出夺目的精神之光。

专业阅读是最基础最关键的行动

一位教师的阅读史，不仅是他的精神底色，也是他的教育蓝图。为此，新教育主张教师要有"吉祥三宝"：专业阅读，站在大师的肩膀上前行；专业写作，站在自己的肩膀上攀升；专业交往，站在团队的肩膀上飞翔。其中，专业阅读是最基础最关键的行动。

拯救阅读，从拯救教师阅读开始

专业阅读的教师对学生的影响是温暖而持久的。教师是教学生学会阅读最关键的引路人。拯救阅读，应该从拯救教师阅读开始。要领读儿童，教师要先领读自己。要认识到无论处于多么不如意的教育环境，无论所面对的是怎样令人焦虑的教育现实，都应该通过专业阅读，让自己丰富起来、温润起来、强大起来，站在大师的肩膀上前行。

校长的阅读决定着学校的高度

校长的书柜里装着学校的未来，校长的阅读决定着学校的高度，校长理应是书生。对校长这个特定的人群来说，他们阅读的出发点与归宿是为了理解教育，明白管理，做视野宽广的卓越教育管理者。

让孩子开口讲书，能培养他们的阅读兴趣和阅读能力

把读过的书说出来，把书面的阅读用口头的语言表达出来，无论是复述故事内容，还是续编新的故事，让孩子开口讲书，不仅能培养他们的阅读兴趣与阅读能力，还能培养他们的表达与沟通能力。

共读一本书，就是创造并拥有共同的语言和密码

共读一本书，就是创造并拥有共同的语言与密码。共读，就是和读同一本书的人真正生活在一起。所以，新教育实验倡导亲子、班级共读，通过共读一本书，共写心灵真诚的话语，实现师生之间、亲子之间、同学之间乃至老师和家长之间真正的共同生活。

坏书，是人生歧途的铺路石

并不是所有的书都是人的精神食粮，能够滋养学生的心灵。那些不好的书可能成为精神毒药。英国作家菲尔丁说："不好的书也像不好的朋友一样，可能会把你戕害。"止庵先生也说，读一本坏书就像去垃圾场转了一圈，而你却认为自己是去旅游了一趟。从现实生活来看，坏书也是人生歧途的铺路石。

第十七章　一个书香充盈的城市
必然是一个美丽的城市

一个没有阅读的城市，是一个没有"人"的城市。
——朱永新

城市之美，美在书香

一个城市最美丽的风景，就应该是阅读的风景。一个文明的城市应该是学习型城市。学习型城市的美丽不在于外在的山水树木、街道建筑的感官之美，而在于内在的思想之美、文化之美。

不读书，行万里路也只是邮差

有人调侃说，如果不读书，行万里路也不过是个邮差。读万卷书，行万里路，是古代文人最向往的境界，本没有厚此薄彼的意思。读万卷书是为了看精神的风景，行万里路是为了看自然的风景，读万卷书且行万里路看到的往往是最精彩的风景。李白看到的月亮与我们看到的月亮是不一样的。余秋雨先生看到的山水与我们看到的山水也是不相同的。因此，不读书而行万里路，不过是邮差而已。这说明，游历、考察固然重要，但如果没有阅读，没有先前的知识作为积淀，那游历、考察、体验等后面的一切都会在品质上大打折扣。

选择有品位的生活方式

在空闲时尽可能多地抽出时间阅读，因为阅读对我们的生活品位有着重要的影响，而且阅读本身就是一种很有品位的生活方式。阅读让有限的生命更为深邃和精彩，让我们在声色犬马的城市中不会迷失，在奔波劳顿里不会愁烦。

读书是福，其贵无价

世界上有好山好水，也有好书好文。行万里路，是为了看好山好水；读万卷书，是为了看好书好文。精神世界里的美景胜地，不仅会给我们的心灵以震撼、惊叹、敬畏，更能够滋养我们。读书是福分。

过一种高雅有修养的生活

林语堂先生说："读书或书籍的享受素来被视为有修养的生活上的一种雅事。"读书是一种生活方式，是一种高雅的有修养的生活情趣。读一本好书的感觉，并不亚于享受美食时的大快朵颐，也不亚于遇见了志趣相投的好朋友时的相见恨晚。难怪古人说："世间数百年旧家，无非积德；天下第一件好事，还是读书。"

有限到无限，阅读来牵线

其实，人有两个世界——物质世界和精神世界。一个人的世界有多大，取决于这两个世界有多大。物质世界肯定有限，精神世界可以无限。阅读就是让我们更迅速也更从容地从有限走向无限。

找到自我的轴心

在这个五光十色的影像世界里，我们只有真正地让阅读变成我们日常的生活方式，在此基础上，再结合现代科技的种种神奇与便利，才不会迷失和愁顿，才会寻找到自我的轴心，无论时代之潮如何侵袭，始终能平静从容地傲然屹立。

悦心延年，不老有方

"储积山崇崇，探求海茫茫。一笑语儿子：此是却老方。"家里的书堆得如小山一样高，在茫茫的书海里遨游探寻珍宝。可以高兴地告诉后人，读书才是防止衰老的良药秘方。"诗书悦心，可以延年""好学则老而不衰"。读书悦心延年，是许多古今读书人的切身体会。

学会读书和与长者交往

人的知识、经验和智慧不可能全部来自亲身实践，所以，读书与交往就显得非常重要。读书也好，交往也罢，其实都是汲取过来之人的智慧。不是所有人都会写书，也不是与所有人的交流都具有针对性，所以学会读书和与长者交往都很重要。

不要让精神生命过早死去

我的台湾地区朋友高希均说："人生的终点，不是死亡，而是与好书绝缘的那一刻；人生的起点，不是诞生，而是与好书结缘的那一刻。"在很多人看来，这句话多少有点夸张，但是对于一个真正热爱读书，视读书为生命的人来说，这真是肺腑之言。人的生命包括自然生命、社会生命和精神生命，至少精神生命是离不开阅读的。

在会客厅里与伟人对话

诗人泰戈尔说："伟人洪亮的声音变成各种文字，袅袅飘过千年，在图书馆里回响。"那些伟大的人物、那些智慧的先驱，虽然早已离开了我们，但书籍把他们的声音、智慧和精神保留了下来，这使他们永垂不朽。图书馆就是一个城市神奇的会客厅，在那里，我们可以邀约他们中的任何一位进行聊天对话。

聚小流成江海

读书是一个不断积累的过程。读书也是一种生活方式。天天读书，时间也会越来越充裕。在任何阅读的过程中，总有许多"接触点"，"点"越多，今后联系的机会与可能就越多，最后就会连成线，连成片，连成知识的海洋，实际上是节省了你的时间。试着强迫自己每天读书，不断积累，完成每天的读书计划，很有必要。

做一个分秒必争的读书者

在自我支配的时间、空间相对有限的情况下，读书人应当合理分配时间，充分利用时间，尽一切可能通过读书来不断充实、提高自己。能否做到这一点，关键还是取决于读书的意识是否强烈，自我提高的内在需求是否迫切。

没时间只是不读书的借口

总有人说，因为我一直很忙，所以我没空读书。其实，重要的事情总会有时间去做的。没时间读书，只是许多人不读书的借口，也是许多人让自己忙忙碌碌而一无所获的原因。其实，真正地捧起一本书静下心来阅读，不理世事纷扰，就能慢慢地进入"偷得浮生半日闲"的境界。很多事是可以推掉不做的，读书却不能够。

读书如饮食，"没有时间"只是借口。当读书成为我们的生活方式时，当我们把阅读作为生命中不可或缺的事情时，总可以找到读书的时间。

重要的事情总会有时间做

高希均先生说："自己再忙也要读书，收入再少也要买书，住处再挤也要藏书，交情再浅也要送书。"忙不是不读书的理由，收入再少挤点买书钱总可以，住处拥挤床头边也可以放几本书，朋友之间来往送书也是非常好的选择。重要的事情总是有时间做的。

静心，方能走进书的世界

现代社会，人们普遍带有浮躁不安和急功近利的心态，总希望用知识的快餐满足自己的需要。其实，越是在这样的时候，越需要我们静心，需要我们用心。对读书人来说，能否抵御外在的喧嚣，抛却过度的物欲，以一种平静之心面对书籍，这是我们能否真正走进书香世界的前提，因为淡泊得以明志，宁静方能致远。

最优秀的老师就在身边

阅读是最好的老师，既不收学费又不会训斥人，既耐心又和蔼，既知识渊博又循循善诱。但凡大人物，都以阅读为师，他们阅读经典而知古今，阅读报刊而识当下，阅读当下而知未来。博古通今而懂未来者才能成为新世纪的人才。

书与人的"互证"

作家王蒙曾说:"书的作用特别多,但我最喜欢用的一个词是'互证'。"[1]书和人之间的互证作用,充分说明阅读对视野的开拓、对心灵的滋养是个循序渐进的过程。所有的书都是需要人用自己的经验去补充,去证明的。正是在这个意义上,每本书也因此属于每一个不同的人。书的生命因为读者而变得丰富多彩。

种子与岁月最有发言权

真正好的阅读,种子与岁月最有发言权。一粒种子总要经历漫长的寒冬,才能有春的萌发、夏的丰茂和秋的收获。阅读对生命的滋养,必须在岁月中厚积薄发。读下去,走下去,知行合一之时,就能收获完整幸福。

跟随伟大的灵魂,才能走得更远

人需要经常从伟人那里汲取养分和力量,因为追随伟大的灵魂,可以让自己走得更远。读那些真正不朽的著作也同样可以达到这种效果,因为那些不仅是人类的精神丰碑,更是人类丰美的精神盛宴。

书店是一个城市的精神客厅

一个城市有没有书店,有没有好的书店,往往是这个城市有没有品质,有没有气质的标志。对一座城市而言,书店并不是锦上添花的精神花园,而是不可或缺的精神客厅。阅读的过程,是一个不断赋予城市生命活力的

---

[1] 王蒙:《王蒙文集》,人民文学出版社,2020。

过程，也是城市找回其存在意义的过程。

文字和城市推动了人类进步

美国城市学家刘易斯·芒福德认为，推动人类进步的两个伟大发明是文字和城市。文字和城市的出现让信息的交换和物质的交换得以跨越时间和空间进行，而这个过程正是通过阅读来实现的。阅读在城市发展和城市自我校正、自我完善的过程中，具有怎样的重要作用，是不言而喻的。

阅读，最能彰显市民气质

文字与城市是人类最重要的两个发明。一个城市的美丽，一个城市的魅力，不是取决于它的高楼大厦，而是取决于它的市民的气质与品位。而阅读，最能彰显市民的儒雅、宁静、从容的气质。这样，文字的阅读与城市的魅力就合二为一了。

领导干部读书，具有示范作用，影响阅读风气

善于读书的领导，往往知识面比较宽，决策比较理性，这些会直接影响到工作的效率与效果，甚至会影响到一个部门或者一个城市的命运。领导干部的读书具有示范作用，会直接影响到一个部门甚至一个城市的阅读风气。

第十八章　一个民族的精神境界取决于这个民族的阅读水平

为中华之崛起而读书。

——周恩来

一个民族的精神力量，取决于它的阅读能力

一个民族、一个国家的竞争力，不是取决于它的物质力量，而是取决于它的精神力量；

一个国家、一个民族的精神力量，不是取决于它的人口数量，而是取决于它的阅读能力。

卓越，从阅读起步

英国首相丘吉尔曾经说："宁可失去一百个印度（印度曾为英国的殖民地），也不愿意失去一个莎士比亚。"可见，优秀作品的价值，甚至可以超越国家和民族。因此，国家可以通过有意识地促进国民阅读优秀作品，从而提升国力，而个体也可以通过有意识地阅读优秀作品走向卓越，并在社会中获得一席之地。

书籍使人类文明得以延续

英国哲学家波普尔说:"即便人类面临灭顶之灾,只要图书馆里的书籍保存完好,人类就完全可以重建自己的文明。"人类之所以能够不断进步,不断成长,不断超越,在很大意义上就在于人类拥有记录了自己的智慧、发明与创造的书籍。这也是人类能够不断地站在自己的肩膀上前行,而不是每天重复昨天的故事的原因所在。

建设书香社会,三个人群最关键

我一直认为,在建设书香社会的过程中,有三个人群特别重要。一是父母,二是教师,三是领导干部。

父母之所以特别重要,是因为家庭是真正的人的摇篮,父母是孩子最重要的首任老师,亲子共读是点燃孩子阅读热情最有效的方法。

教师之所以特别重要,是因为学校是播下阅读的种子最重要的地方,尤其中小学时期是阅读兴趣与能力形成最敏感的时期,教师是教孩子学会阅读最关键的引路人。

领导干部之所以特别重要,是因为领导干部的视野与胸怀直接影响到全社会所有工作的推进,而他们的视野与胸怀与阅读直接相关。同时,领导干部本身也是重要的阅读推广人,他们在言谈中或会议上推荐的书籍,将会影响和提高全社会的阅读水平。

没有方向,是因为你迷失了自己

阅读信仰的缺失,必然导致精神信仰的缺失。现在很多中国人并不清楚自己真正在追求什么。80后被称为"迷茫的一代",就是社会急剧变迁和文化根基缺失的结果。在今天的社会中,人流、车流、信息流推着我们前进,但我们却失去了前进的方向。

要时时仰望精神的星空

阅读的意义在于,它在超越世俗生活的层面上,搭建起精神生活的世界。在大地上生活的人类,若只是为生存奔波,而不能时时仰望精神的星空,灵魂就会被尘埃遮蔽。

阅读,让历史的智慧复活

只要有书在,历史就不会"过去"。人的麻烦在于,智商可以遗传,但智慧无法遗传。人类的伟大在于,发明出各种形式和载体,记录和传递所学、所知、所行,然后一代又一代地去学习与改进。书籍是其中无法取代的形式之一。通过阅读,就能让书复活,就能让历史复活,就能让智慧复活。

书籍是有生命力的

人的寿命总是有限的,优秀书籍的寿命是无限的,能够穿越千年时空而仍然活着。只要有人阅读,书籍就活着,书籍的生命是通过阅读而被激活的,而读它的人也获得了另外一种生命的能量。

根基牢靠,才能枝繁叶茂

根基牢靠,才能枝繁叶茂,才能花枝招展。经典著作是我们的根基,而阅读则是我们从经典著作中汲取营养的"吸管"。阅读让生命更充实,让教育更精彩,让城市更美丽,让民族更强大。

阅读是精神家园的基石

一个民族的精神境界取决于这个民族的阅读水平。一个民族的凝聚力取决于这个民族的共同价值和共同语言。没有所谓的核心价值体系和共同思想基础，我们的社会就只是一群乌合之众。而阅读正是建设我们精神家园的基础，是把我们凝聚成一个共同体的民族精魂。文化素质高的民族一定是酷爱读书的民族。

用阅读重建信仰

我们需要用阅读来重建信仰。社会需要诚信，人们需要信仰。读书会让人知道世界的深奥，会让人明白自己的无知与渺小，会让人产生敬畏之心。而敬畏之心是建立信仰的重要基础。阅读不是为了帮助我们逃避生活，逃避与人打交道，而是为了帮助我们更积极地面对生活，拥有更和谐的人际关系。共读共行，才能同心同行。

阅读是最美的风景线

希望有那么一天，我们在飞机上，在火车站，在许多公共场合，也能够看到我们的国人静静地拿着一本书在阅读，看到阅读成为中国的一道普通而美丽的风景线。一个学习型的民族，才是一个不老的民族；一个爱读书的华人，方能将龙的血脉传承。

及时为心灵补充养分

每个生命都需要清醒的警钟，"国家阅读节"就具备这个功能。我们通过这个节日来提醒自己：在物质生活水平迅速提高的同时，要及时为心灵补充养分。以书为石,阅读必将筑起中华民族的精神长城。

阅读可以改变贫穷

没有振奋的民族精神,就意味着失去凝聚力,就等于没有灵魂。严格地说,中国儿童的文学阅读、童话阅读,只是在很少的城市、很少的学校、很少的家庭开始并进行着,而更多的地方,还是深夜熟睡,懵懵懂懂。所以,仍旧贫穷。

思想的愉悦在于阅读

躯体的成长与思想的进步,是人发展的两个不同阶段,如古人所说:"仓廪实而知礼节。"健康主要来自饮食与运动,知识主要来自阅读与思考。这些年的经济发展,让我们从关注吃饱到关注吃好;近几年的阅读推广,让我们懂得全民阅读的重要。阅读悦读,共读共行。

河海不择细流,故能就其深

阅读其实就是一个不断自我建构知识体系的过程,真正地抛弃自己的一切意图与偏见是非常困难,甚至是完全不可能的。但是,真正的阅读者一定会敞开胸怀拥抱那些不知道来自何方的伟大的声音。

阅读是生命的一部分

什么时候,我们的社会才能做到不把读书、学习看成是负担,不把读书看成是一种得到某种荣誉、获得某种证书的途径和工具,而仅仅作为生活的一部分、生命的一部分、享受的一部分?这样的阅读,才是真正的理想的阅读,这样的状态,才是我们希冀的、全民受益的状态。

为中华崛起而读书

阅读，是集腋成裘的逐日积累；阅读推广，是积跬步以至千里的漫长跋涉。我们必须重新审视全民阅读在提高民族文化素质和国家竞争力上的重要意义，将其作为重要的国家战略，全力以赴地推行。只有以书为师，我们才能与古今中外的伟大心灵相依；只有以书为石，才能筑就中华民族的精神长城！

阅读才是终极武器

共同的阅读，是能够形成我们这个民族共同语言和共同精神密码的关键，是形成我们这个民族核心价值体系的重要途径。正如《朗读手册》这本书所说的那样：阅读是消灭无知、贫穷与绝望的终极武器。

阅读能预知未来

有人说，一个国家谁在看书，在看哪些书，一定程度上决定了这个国家的未来。一个民族的精神境界取决于这个民族的阅读水平。人的精神世界在很大程度上是由他阅读的图书塑造的，每个人的精神高度，汇聚起来就构成了这个民族的精神高度。

阅读创造价值

一国国民的阅读能力与生产力有着密切的关系。阅读能力是学习新技术的关键，阅读能力能影响个体的工作能力，拥有较好阅读能力的人往往能创造更多的价值。

阅读涵养民族精神

阅读是一个民族涵养精神元气的根本所在，而拥有了属于自己国家的阅读节，对国人心理上最直接的影响就是国家开始重视全民阅读。这是一种唤醒的力量，唤醒麻木的灵魂；也是一种催生的力量，催生蛰伏的智慧；更是一种支撑的力量，支撑不倒的信仰。

阅读促进社会和谐

在阅读节里，阅读成了一种特殊的交往方式，即通过阅读，特别是共同阅读，能提供交往的平台，实现人们彼此的交流与对话，沟通心灵，消除隔阂，相互认同，形成共同的文化价值观，拥有共同的精神家园，促进社会和谐。

不读书的民族没有希望

一个不读书的社会是人文精神缺失的社会，一个人文精神缺失的社会是病态的社会；一个不读书的民族是创造力贫乏的民族，一个创造力贫乏的民族是没有希望的民族。

阅读，民族共同的精神密码

如果我们的社会缺乏共同的语言，又怎么可能有共同的理想、共同的道德标准和共同的价值观呢？作为一个民族共同的精神密码，共同的语言从哪里来？从我们的历史中来，从我们对于世界文明包括中国经典的共同阅读中来。没有共同的语言，没有共同的思想和价值，我们的民族也只能是一盘散沙。

书目就像地图

阅读本身作为一件很私人化的事情，充满了仁者见仁、智者见智的不确定性。但一个国家、一个民族，需要自己的共同价值、共同愿景、共同语言密码。因此，就需要有共同阅读、共同生活，书目也就有存在的必要，特别是对于社会上大部分的人来说，阅读书目就像地图对于旅行者一样重要。

阅读力影响民族的未来

很久以来，我们一直都将阅读看作仅仅是个体的行为。这样的认识是片面的。我认为，一个国家、一个民族的共同阅读决定了其精神的力量，而精神的力量对于一个国家软实力与核心竞争力的培育，起着关键作用。国际阅读协会在一份报告中曾经指出，阅读能力的高低直接影响到一个国家和民族的未来。

社会书香萦绕，人人手不释卷，我们将何等自信自强

展望我们的明天，展望我们这个伟大的民族，如果整个社会都被书香萦绕，如果大人孩子都手不释卷，那时那刻，我们的祖国，我们每个人，该会有着怎样美好的成长，有着怎样的自信与自强？

阅读的"共同富裕"，夯实共同富裕的精神基础

阅读的"共同富裕"是精神生活"共同富裕"的前提，也是物质生活"共同富裕"的保障。让我们一起努力，进一步推动全民阅读，建设书香中国，夯实共同富裕的精神基础。

为阅读设节，为阅读立法，软硬兼施互相助力

法律是"硬文化"，文化是"软法律"。为阅读立法为"硬"，为阅读设节为"软"。"软""硬"兼施，互相助力，才能够从多角度、多侧面，强化公众对阅读的认可，在全社会营造更好的阅读氛围。

在好书面前，好酒黯然失色

再好的酒，在最好的好书面前总会黯然失色。一旦社会弥漫着书香，精神就会充盈着芬芳，这样的世界自然就是更为美好的世界。

阅读的魅力在很大程度上是帮我们拓展生活时空

阅读的魅力在很大程度上是帮我们拓展了生活的时间和空间。你可以和任何一个时代的人去对话，可以在任何一个空间生活，甚至于不是以旁观者的身份。阅读可以有很强的代入感，融入其中的生活，这种感觉非常享受。

第十九章　同一本书，同一个世界

共读共写共同生活才能拥有共同的语言、共同的密码、共同的价值、共同的愿景。

——朱永新

生活在不同的语言里，就是生活在不同的世界里

生活在不同的语言里，就是生活在不同的世界里；共读一本书，就是创造并拥有共同的语言与密码。共读，就是和读同一本书的人真正生活在一起。如果没有共读、共写、共同生活，教师与学生、父母与孩子、学生与学生，不过是同一个屋檐下的陌生人。

经典是文化的密码。一个社会要有共同的价值观，只能通过共读经典来建构共同的语言，用共同的语言来形成共同的文化密码。

从共读走向自主阅读

儿童随意的散漫的没有引领的阅读是低效的，甚至是危险的，要有效扩充学生的智力背景，需要教师和父母用共读的方式把最好的书籍带给孩子，从而潜移默化地引领学生的自主阅读。亲子共读，从科学上说，就是用最温暖、最温馨、最不着痕迹的办法，让孩子掌握"阅读"这种人生最重要的学习武器。

开卷有益的时代已过去

如何通过阅读让我们的生活更加美好？要选择优秀著作。德国作家黑塞说："只有当书籍将人带向生活、服务于生活、对生活有利的时候，它们才拥有了一种价值。"开卷即有益的时代已过去，在泥沙俱下、良莠难分的海量图书面前，我们需要认真选择值得阅读的书。诀窍，就是选择经过时间的洗涤依然熠熠生辉的书。

思考，重建我们的世界

读书的关键在于读书的过程中是否能够善思，是否能思接千载，视通万里，进而时时闪现思维的火花。一本书中自有许多东西，读者可以读到书中有的，但更多书中所没有的能否读到，却有赖于读者是否有自己的思考，从而不断丰富自己的思想。

读书不是为了考试

读书学习，应该像平时吃东西一样，在嘴里嚼得极细，在胃里磨得极烂，在肠里吸收得极充分。当知识得以真正消化，就能够融会贯通，就不需要临时为考试去突击。

书籍连接过去、现在和未来

"在书中，不仅有眼前，更有诗和远方。"这是白岩松在中央电视台为阅读代言的广告语。书的确是一个神奇的存在，它把前人的经验与智慧传递下来，它把我们从琐碎的生活中解脱出来。书籍不仅能够指导我们眼前的行为，也能够带领我们走向远方。过去、现在、未来，会以书作为桥梁连接在一起。

读书不是为了打发无聊的光阴

现在很多人说书价贵，但毕竟还有公共图书馆和网上阅读等途径，对于想读书的人来说，不会因为没有钱而无法读书。把阅读当作像吃饭、睡觉一样的基本需要与日常习惯，对财力的要求并没有人们想象的那么高。读书，不是无奈的选择，不是为了打发无聊的光阴。最伟大的知识总是藏在最伟大的著作中，只有通过我们的阅读才能转化为力量。

有挑战的书更有价值

读平易晓畅的书固然舒服，读晦涩难懂的书当然不爽。但是，正如登山，有挑战才有价值。读一些有难度，但是值得去挑战的书，对于提升我们的理解力，增强我们的阅读力，无疑是非常必要的。

至少精通一本书

精通一本书，把一本书作为人生的主心骨，最后肯定会引起亲近万卷书的兴趣。对于那些重要的经典，有时候精读一本，会收到事半功倍的效果。因为，这些书往往是我们的根本书籍，它们会建构我们的知识体系，并且以此观照世界。通过这些书，我们会走进更多的书，进入更广阔的知识海洋。

共读，才能共有

个别阅读是"一个人在战斗"，共同阅读是集体智慧的碰撞、团队精神的体现。我们一般不会思考个别阅读和共同阅读哪种更好，因为我们的教育无形中在培养个别阅读的习惯。当我们离开学校、走进社会后才会发现，与人合作是生活中最重要的课程之一。

如果没有共同的英雄与历史，没有共同的神话与传说，没有共同的精灵与天使，没有共同的图画与音乐，没有共同的诗歌与小说，我们就不可能拥有共同的语言和密码，不可能拥有共同的信仰、共同的道德标准和对未来的共同的愿景。而这些，是靠共同的阅读生活实现的。共读，才能共有。

阅读中我们发现自己，认识世界

阅读不仅能够像爱情一样给人带来美好与温暖，还能给人带来新奇与惊叹。尤其是"越界"的阅读，跨越了文字与图像、网络与书籍、年龄与身份、时间与空间。在阅读中我们可以重新发现自己，重新认识世界。阅读最美。

尊敬书籍、阅读和读书人

没能养成阅读习惯的人，不妨从现在行动。即使不能以书为友，也应对阅读的好处有所了解，对爱书人、读书人保持尊敬。我们的古人对于书籍、阅读、读书人，都是尊敬的。在古代，连有字的纸张也不能随便乱扔。对这些保持必要的尊敬，本身就是对文化的尊敬，是一种修养。

一本书，一条纽带

思想家爱默生说过："两个人如果读过同一本书，他们之间就有了一条纽带。"书为媒，让那些读过同一本书的人有了共同的语言和沟通密码。虽然不同的人对同一本书可能有不同的感受、不同的理解，但是他们都与这本书一起共同经历了一段精神的旅程，都被书中的人物和思想浸润过，所以就有了联系的纽带。

手不释卷，才能遇见

有时，一本适时的好书能够决定一个人的命运，或者成为他们的指路明星，确定他们终生的理想。许多人都有被一本书改变人生的经历，我也是因为被一本书中的一句话所影响而确定终生理想，开始了新教育实验。但是，没人知道好书会在何时出现，只有手不释卷才能与好书相见。

阅读与创新

我们需要用阅读来创新、创造。好的书会让我们更年轻、更有活力。读书，应该是一种挑战，向未知世界、同时向自己智力的一种挑战。虽然批评式的阅读本身也是一种重要的读书方法，不过读书不是为了批评书中的缺点与错误，而是为了创新、创造，尤其对于研究问题与建构理论而言，阅读应该以学其所长为主。

共同的理想，共同的价值

共同的饮食结构形成了我们的身体形态，共同的阅读生活造就了我们的精神世界。人的精力是有限的。人一生能够读的书也是有限的。值得读的书是因人而异的，但并不意味着就没有一些值得我们共同阅读的书。无论是一个家庭、一所学校、一个民族，总是需要一些共同的理想、价值和书籍的。只有共同读一些书，才能有共同的语言和密码，共同的价值和愿景。

共同生活，共同成长

真正优秀的童书所弘扬的，都是人类最积极、最纯洁、最高尚的精神，和孩子共读这样的书籍，不仅会给孩子营造好的学习环境，也能帮助已成年的父母涤荡现实的尘埃，寻回失落的美好与纯真。这既是陶冶，也是沟通，更是与孩子在同一屋檐下，真正实现了共同生活、共同成长。

共读创造共同语言

现在，有些父母与孩子、老师与孩子，表面上朝夕相处，其实往往是生活在同一房间里的陌生人。他们生活在共同的空间里，心灵却没有沟通，完全陌生。生活在不同的语言里，事实上就是生活在不同的世界上。通过共读，父母与孩子、老师与孩子才能真正地拥有共同的生活，才能创造共同的语言和交流的空间。

阅读可以让你穿越时空

相对于人类历史的长河而言，每个人的人生总是很短暂的。我们经常为自己的"生不逢时"而遗憾，感叹自己没有赶上一个好的时代。人无法选择出生的时间与地点，但我们可以通过阅读，进入任何一个时间与空间，与任何人对话，这是阅读带给我们的权利。

"领读者"就是一个优秀的精神导游

作为阅读推广人，"领读者"就相当于一个优秀的导游，虽然他不能代替游客去观赏风景，但他可以把游客引到名胜之中，同时他自己则每天都能尽情置身于名山大川之中，呼吸着最清新的空气，欣赏着最动人的风光。领读者，自己首先就是一个优秀的阅读者。

分享，让阅读更奇妙

良好的阅读习惯的养成要从分享开始。每个读者都是不同的，所以阅读后理解出来的东西也会有区别。互相交流分享，会让阅读变得奇妙和美丽。我们在养成阅读习惯的同时，要把自己脑子里的想法用各种方式表达出来，如写作、画画、讲故事、朗诵、演童话剧等，这样表达出来的东西记忆会更深刻。研究表明，把阅读的内容说出来，比光是眼睛看、记笔记效果要好得多。

共读，缔造共同的世界

我们希望所有的孩子共同沐浴于美妙的诗歌里，共同陶醉于神奇的童话里，共同生活在伟大的历史与神奇的科学世界里，沿着多彩的阶梯健康成长。长大后，他们会因为在童年时读过相同的书籍而拥有共同的梦想。

阅读是通向世界的窗口

阅读是通向世界的窗口，是很重要的学习工具，阅读应当流畅和迅速——只有达到这一步，这个工具才能发挥作用。亲爱的父母们，如果说，学校和家庭是一个港湾的话，阅读就是那艘扬帆起航的船，这艘船将带着你的孩子驶向远方的世界。

与作者"杀几个回合"，防止读死书、死读书、读书死

在读书的过程之中，能不能向作者提出几个问题，能不能提出几个不同的观点、不同的想法，与作者"杀几个回合"？这是检验读书成效的重要标准，也是防止读死书、死读书、读书死的化愚之道。

读好书，要"放空"自己，也要"以我为主"

要真正地读好书，一方面要"放空"自己，全面正确地了解和把握书

中的观点与内容，另一方面也要"以我为主"，让书中的内容经过自己的审视，成为建构自己大脑的原材料。

阅读是通向世界的窗口

我们在阅读文本的同时，也阅读生活，阅读世界，同时创造生活，创造世界。通过文学，我们拥有了一个更加美好的世界和更加美丽的人生，我们又根据文学中的形象去塑造自己、改造生活、创造奇迹。文学让世界更美好，让生活更美好，也让我们自己更美好。

通过阅读寻找生命的原型与人生的榜样

追寻自己的梦想，任何人都可以创造辉煌；追寻伟大的灵魂，普通人也可以走得很远。通过阅读寻找生命的原型与人生的榜样，从阅读他人传记到创造自身传奇。

除了读有字书，还要读无字书

除了读有字书，还要读无字书。有时候，读无字书的价值不亚于读有字书。清代的张潮说，能读无字之书，方可得惊人妙句；能会难通之解，方可参最上禅机。应善于向生活学习。

阅读是帮助我们看自己的镜子

我们需要用阅读来反思自我。阅读是帮助我们看自己的镜子。一千个读者就有一千个哈姆雷特，说明从同样一本书里，每个读者所读到的，所汲取的，都带有个人色彩。每个真正用心阅读的人，总是能够在书中寻找到自己，总是能够在书中发现更好的自己，从而通过行动，去寻找有意义的人生。

读书需要循序渐进攀登高峰

读书是需要循序渐进的，不同的书会组成一个自然的阶梯，引导我们去攀登思想与智慧的高峰。所以，当我们被一本书阻拦的时候，不要自暴自弃，而要另辟蹊径，寻找另外更合适的书作为再次攀越这本书的阶梯。

人工智能，将会帮助人类智慧阅读，高效阅读

未来的人的阅读，也不可能是传统意义上的人的阅读，从阅读方式到阅读内容，都会发生深刻的变化。未来的人，在很大程度上是一个"人机结合体"，也就是说，未来的学习者，是人脑加人工智能的合体，人们会把简单的、工具性的、检索性的阅读交给智能机器人，会利用各种碎片化的时间让机器人为自己读书，阅读的效率和效果也会进一步提高。人工智能，将会帮助人类智慧阅读，高效阅读。

成为书的主人，正面发挥阅读的价值

人不是被动地接受书籍的。三观不正的人，读好书也可能读出问题；善于阅读的人，读坏书也不会深受毒害。关键还是我们自己用什么样的态度在读书。一方面，我们要学会与那些伟大的书籍对话，汲取大师的人生智慧；另一方面，我们也要善于怀疑，警惕自己随波逐流，人云亦云。掌握这两点，真正成为书的主人，自然就能正面发挥阅读的价值，度过有意义的人生。

第三辑
人生没有最高峰

第二十章　做一个行动的理想主义者

缺乏理想的现实主义是毫无意义的，脱离现实的理想主义是没有生命的。[1]

——罗曼·罗兰

有目标，人生才有意义

随着科学的发展、时代的进步，人类了解的关于世界的奥秘越来越多，我们也可以更加轻易地学习到各种各样的知识。可我们并没有因此更加轻松地掌控我们的生活，更加从容地拥有幸福，很大的原因就是心中缺乏人生的目标。有了目标，人生才有了意义。方向对了，哪怕绕了弯路，目标也会越来越近。

人生最可悲的事，莫过于"手里捧着地图，心中却没有目的地"。

目标远大，才能走得更远

梦想不一定能把人带到彼岸，但一定能让人走得更远。

取法乎上仅得乎中。一个人能够走多远，与他的目标定位有着直接的关系，因为人很难超越自己的目标。一个伟大的人，其设定的目标必然也是伟大的，是竭尽全力才可能实现的。

---

[1] 罗曼·罗兰:《罗曼·罗兰文集》，人民文学出版社，2019。

生命是一场永远达不到目标的旅行，最好的状态就是在路上。我们可能已经到达了终点，但目标仍在远方。

飞往成功的双翼

一个人所需的最大正能量是理想和自信。理想，是对未来的憧憬与追求，是一个人前行的最大力量来源。而自信，是对自己、对社会、对人类的根本信任，是一个人不抛弃不放弃的重要精神支柱。

理想朝向远方，自信立足当下，这是飞往成功的双翼。

方向对了，还怕路远吗

古罗马哲学家塞涅卡说："如果一个人不知道他要驶向哪个码头，那么任何风都不会是顺风。"方向比努力更重要，即使你拥有世界上最好的船只，如果没有明确的航行方向，也会遭遇险恶。只要上路，就会遇到风浪。正确的方向，加上灵活应变的策略和锲而不舍的坚持，总能够到达理想的码头。

方向对了，哪怕绕了弯路，目标也会越来越近。

你究竟想要什么

美国哲学家威廉·詹姆斯说："人的难题并不在于他想采取何种行动，而在于他决心成为何种人。"决心成为何种人，是人生的目标定位；采取何种行动，是实现目标的路径选择。前者是根本，后者是方法。确定目标相对困难，太高太远无法实现的目标无异于空中楼阁，太低太近的目标又无法产生激情。目标确定之后路径的选择可以有许多种。

你想要什么？想成为什么样的人？这是首要问题，也是许多人虽很努力，却仍在原地踏步的症结所在。

没有目标的行走

如果没目标,那么无论走多远都同没有走一样。没有目标的行走,如同没有方向的远航。可能我们竭尽全力,耗尽资源,仍是一无所获,永远无法到达真正的彼岸。而有目标的行走,虽然也不一定能够到达目的地,但至少是在不断接近。不断接近目标的人生,才是幸福而充实的人生!

向梦想致敬

曾经看到一则漫画,讲一个女孩在患了恶性淋巴癌后,好心人帮助她圆梦的故事,很感动。当梦想遭遇爱心,当爱心发现梦想,一定会产生美丽的故事。不是所有的梦想都能够实现,但如果你的梦想足以动人,一定会得到帮助。

如果一个人心怀梦想而生活却对他横加阻拦,我们有理由去帮助他。

选择造就人生

起点相同,但是选择不同,终点就会大大不同。人生的起点往往无法选择,正如我们无法选择自己的出身与家庭。但是我们面临困境时,可以做出不同的选择。我们选择什么样的人作为自己的人生榜样,选择怎样的目标作为自己奋斗的方向,遇到苦难时选择坚守还是退却,都会影响最后的结局。

理想的威力

一个没有远大理想和崇高生活目标的人,就像一只没有翅膀的鸟,一台没有马达的机器……理想是生命能够焕发光彩的"核儿"。甚至可以说,人和人 99% 的部分都是相同的，区别在于有没有理想。真正拥有理想，就必然会激发起全部力量，挖掘出更多潜力，开创未来。

唯有目标不能抛弃

古希腊哲学家柏拉图曾说过，"无论你从什么时候开始，重要的是开始后就不要停止；无论你从什么时候结束，重要的是结束后就不要悔恨"[①]。人是自己命运的主宰，虽然命运之舟能否驶向彼岸还取决于船的质量、风暴等客观因素，但在认准了前行的方向以后，我们就要始终如一，永远不放弃不抛弃，一旦结束也要坦然处之。

对目标的坚持，才是人生有所成就的最大秘密；只有对目标始终如一，结束时才不会产生悔恨。

理想，使人发光

"凡能发光的人，必定在内心燃烧了自己。"这句话出自一位普通的新教育老师。每个人都是一个发光体，都可以为这个世界带来光明。但如果他的内心没有被一种理想所鼓舞、一份事业所激动，如果没有为这理想和事业心有戚戚、念兹在兹，他就不可能真正燃烧自己，也就不可能真正地发光。

无所事事是一把温柔的刀

人生最大的痛苦，就是无所事事。每天晚上回顾一天的生活时，有时候会感到充实，有时候会觉得毫无所获。毫无所获的原因往往就是无所事事。无所事事是一把温柔的刀，在不知不觉中毁灭人。避免无所事事的办

---

① 柏拉图:《柏拉图全集》，人民文学出版社，2017。

法，就是为自己制订详细的工作计划、读书计划、锻炼计划，让自己的生活满满当当。

穿透迷雾，看清前路

"人是在雾中前行的人。但是当他向后望去，判断过去的人们的时候，他看不见道路上任何雾。"①法国作家米兰·昆德拉这样说。

当局者迷，旁观者清。但我们如果既做当局者，又做自己的旁观者，就能让自己更"清"。前路漫漫，充满着各种不确定性，我们不妨看看已经走过的路，也许就可以穿透前面的迷雾。

发现自我，成就自我

每个人都是一个独特的世界。发现自我，成就自我，做最好的自己，是每个人来到这个世界的最重要的天命。帮助人实现这个目标，是教育最重要的使命。所以，我们应该不断努力和探索，不断挑战自我，不断尝试新的可能。

找到自我，是做最好自己的开始。如德国作家赫尔曼·黑塞所说，"对每个人而言，真正的职责只有一个：找到自我。然后在心中坚守其一生，全心全意，永不停息"。

梦想的感召力

有位作家说过，"当你真正想要某种东西时，整个宇宙会合力助你实现愿望"。梦想是奇迹之源。一个没有梦想、没有愿景、没有冲动的人，永远不会有真正的行动，也不会得到别人的理解和支持。一个在平路轻松行走

---

① 米兰·昆德拉:《被背叛的遗嘱》，余中先译，上海译文出版社，2022。

的人与担重几百斤艰难爬坡的人，谁更能够得到帮助？无疑是后者。因为梦想使人感动。

发现自己的使命

奥地利作家斯蒂芬·茨威格说过，"一个人生命中最大的幸运，莫过于在他的人生途中，即在他年富力强的时候发现了自己的使命"。人的一生，其实就是一个不断寻找和发现自己的过程。许多人终其一生都没有找到真正的自我，多少是一件憾事。新教育主张让每个生命成为最好的自己，前提就是能够发现自己的潜能、方向、使命。

使命的发现与完成，是一条只有起点没有终点的路。

每个人的一生都是一出戏

每个人的一生都是一出戏，你是演员，也是编剧兼导演。演出的精彩与否，部分取决于布景等道具，而最终取决于你自己的故事是否引人入胜。

想明白，才可能做明白

有位思想家说过，"凡能辨别有用和无用而从事有用工作，就是思想明白的人。所以说思想不先明确，则人的行动就会徒劳无功"。其实，许多人终其一生忙忙碌碌，忙的都是没有多少意义的事情。思想上先明白，就能辨别有价值与无价值的事情，尽可能不要把自己的生命消耗在没有价值的事情上，这是大智慧。

只要上路，就有希望

有人说："宁可去碰壁，也别整天在家里面壁。"人生的路是自己走出来的。越是崎岖的路，往往越是风光无限。只要上路，就有希望，就有各种可能性。如果因为害怕碰壁而拒绝上路裹足不前，就永远没有机会。碰壁并不可怕，可怕的是我们在心中给自己筑起一堵高墙，成为"面壁"先生。

好的开始是成功的一半

我们经常有许多伟大的梦想、宏伟的规划，但从来没有真正地把这些梦想和规划付诸实施。所以，梦想只能是幻想，规划只是"鬼话"。只有一个办法才能把梦想变成现实，把规划落到实处，那就是"做"。虽然"靡不有初，鲜克有终"，但开始，才能够计时。良好的开始，等于成功的一半。

你的梦想为什么不能实现

"圆规为什么可以画圆？因为脚在走，心不变。你为什么不能圆梦？因为心不定，脚不动。"从圆规画圆想到人生圆梦，是个有趣的对比。心要定，是说人生应该有一个明确的方向，坚定的信念；脚要动，是说人生应该勤奋地工作，不断地努力。悲催的人生经常是不断地有新的想法却永远不去行动。

无限风光在险峰

移步才能换景。生活中的许多风景是在行走中发现的。无限风光在险峰，付出的努力越多，发现意外的小路、精彩的风景的机会也就越多。永不停步才能永远有机会。正如日本企业家松下幸之助说的："向前跨一步，可能会发现一条意外的小路。生活如山路，向前跨一步，便可发现一条更好的路，使生活更充实，更有乐趣。"

万千憧憬，不如择一而行

企业家马云说，很多年轻人都是晚上想着走千条路，早上起来走原路。年轻人好幻想，多憧憬，这是一件好事。但是，如果只是沉溺于幻想和憧憬之中，而不能付诸行动，终将一事无成。千里之行始于足下，千条路你只能选择一条先上路。心中永远装着你的幻想和憧憬，向着明亮那方前行。

灵感不是等来的

在工作中，尤其是在创造性的工作中，灵感的确非常重要。但是，灵感就像水井，不仅需要地底有水源，而且需要持续不断地向下挖掘。坐等灵感出现，往往最后只是竹篮打水一场空。一边辛勤劳作一边寻觅灵感，一定会有源源不断的收获。记住，"灵感是一个不喜欢拜访懒汉的客人"。

人生不可能对号入座

人生不是乘船乘车坐飞机，拥有一张票，就拥有了属于你的座位。人生的座位永远在不断变化之中，永远需要你不断去寻找。你不仅不能够拿着一张旧船票重复昨天的故事，你也不能够拿着一张有效的票缓慢上路，因为人生的车船飞机永远不会等你。

把道理付诸行动

有人曾说"得寓于失，乐寓于苦，成功寓于奋斗"。舍得，有舍必然有得。苦乐，不仅参半，而且互相交融。成败，一旦失败，必然败于疏懒与放弃。人生的道理亘古如一，只是真正揣摩、品味的人少，把道理付诸行动的更少。付诸行动的程度不一，就有了人生百味不同。

小改变解决大问题

有人说:"当你一直无法推开一扇门时,不妨拉一下试试。"在生活中,我们需要锲而不舍的精神,需要坚持不懈的努力。但是,当一个问题久拖未决时,就要考虑改变策略了。因为,除了是问题本身远远超出我们的能力,很可能是我们的方法不对。换一个思路,变一个方法,问题可能就迎刃而解了。

人生也需要急转弯

人生有明确的方向是非常重要的,咬定青山不放松,认准目标向前走,是许多成功者的品质。但是,在前行的路上由于许多不确定的因素,凭一己之力,我们不可能逢山开路遇水搭桥,只能够迂回向前,及时转弯。只要心中的那个梦想永不放弃。

你为什么总是心生不满

日本教育家福泽谕吉说:"凡是好高骛远而缺乏实际行动的人往往心怀不满。"好高骛远的人,往往"心比天高",他们希望得到世上的一切,但是,他们又不愿意付出相应的努力,不愿意脚踏实地地行动,结果自然"命比纸薄",一事无成。这个时候,他们往往不是自我反思,而是对别人心怀不满,抱怨世界。

充实,就是幸福

对于幸福,有无数种解释。对于饥肠辘辘的人来说,可能温饱就是幸福;对于缺少关爱的人来说,可能朋友就是幸福。但是对于基本需要得到满足的大多数人来说，充实地过好每一天，做好自己的本职工作，按照自己的计划读书、思考、交往，不虚度年华，就是一种幸福。正如美国思想家爱默生所说，"使时间充实，就是幸福"。

把每一件事做好

"做能做的事，把它做得最好，这才是做人的重要。"这是作家莫言说过的一句话。只有埋头，才能出头。能够做的事，就是经过自己的努力可以做好的事。用心地做好每一件事，无论是工作中的事，还是业余时间自己选择的兴趣爱好。把每件事做好，做到无可挑剔，做出创造性来，你就能够从中得到快乐。

人生没有最高峰

南非前总统曼德拉说："我已经发现了一个秘密，那就是，在登上一座大山之后，你会发现还有更多的山要去攀登。"所谓成功，是我们登上了一座众人眼里的大山。如果此时驻足停步，就意味着我们只能欣赏这座大山的风光，却失去了前路更多的风景，那也就是真正的失败。人生没有最高峰，风景永远在路上。

第二十一章　不怕苦，才不会一直苦

绳锯木断，水滴石穿，学道者须加力索；
水到渠成，瓜熟蒂落，得道者一任天机。
——洪应明

困境是最好的磨刀石

没有人喜欢困难，但困难总会不期而至。其实困境是磨刀石，如同风暴之于船帆。"没有风暴，再好的船帆也不过是一块破布。"新教育提倡书写人生的传奇，我们坚信，你的生命就是最好的船帆。我们要做的，是直面风暴，迎接挑战，把所有跌宕起伏的遭遇，书写为故事中惊心动魄的动人篇章！

你如何面对困难

困难就是巨石。如果能够征服困难，困难就会反过来成就我们，强大我们，成为我们宝贵的阅历，增长我们的智慧。如果倒在困难面前，我们就会被困难征服。与困难对抗，抱怨无济于事，关键在于行动。困难淘汰弱者，造就强者。如果一块石头对弱者来说是阻碍，对于强者它就是一块垫脚石。

善于从错误中学习

英国哲学家赫伯特·斯宾塞说:"任何未受惩罚的错误将引发更多的错误。"犯错误不可怕,可怕的是不断犯同样的错误。古人说:吃一堑,长一智。这是说,受到一次挫折,便得到一次教训,增长一分才智。从错误中学习,是一种重要的成长方式。但有人却无法从已经受到惩罚的错误中吸取教训,这才是最愚蠢的。

痛苦是心灵成长必经之路

生命的成长需要蜕变。每一种蜕变,犹如我们为洋葱剥皮,会泪流满面。但是,只有这样,才能获得真正的新生,才能拥有真正的成长。不断地超越自我,不断地向上努力,是生命应该有的姿态,人生也因此美丽。

最强大的敌人是自己

最强大的敌人是自己,人总是被自己打倒。开启自我的钥匙,就是打开世界的钥匙。

被别人打倒,只要自己不放弃,就能够再次站立;被自己打倒,很难有新的机会。

体验是生命的历程

人生最重要的财富是经历,是体验。每个人来到这个世界的使命,就是寻找真正的自己,挖掘自己的潜能,实现自己的价值。这个过程,其实就是寻找和探索的过程。不断与未知的世界对话,不断挑战自己,你一定能够找到自己人生的意义。

困难越大，成长越快

作家冯骥才说："空气穿过针孔时，比穿过山谷更有快感。"作家的文字总是充满想象。其实，穿过针孔的艰辛与穿越山谷的豪爽，各有各的快感。但对于人来说，成功挑战艰难的事情所收获的快乐，自然比轻轻松松完成一项任务所得到的快乐要多，这是不言而喻的。更重要的是，我们成长的速度，往往与我们挑战任务的难度有关。

不怕苦，才不会一直苦

厌苦喜甜，是人的天性，所以每个人都喜欢诸事顺遂，但世间事十有八九不如人意。如果怕苦怕累，遇到难处就逃避，就会错过锻炼与提升自我的时机，缺乏实现梦想的能力。如果能够迎难而上、挑战自我，不断提高自己的能力，自然会柳暗花明。

吃一吨苦，尝一磅盐

英国有句谚语："生活就是由一吨苦、一磅盐以及一茶匙蜜糖组成的。"在生活中，我们无法准确度量自己的悲欢离合、酸甜苦辣，所谓的"一吨苦、一磅盐以及一茶匙蜜糖"，是告诉我们，对人生的困难要有足够的认识，为了那一茶匙的甜蜜，我们要有"吃一吨苦，尝一磅盐"的心理准备。微笑着面对人生的苦难，苦难也能有甜蜜的味道。

认真你就赢了

曾有人说："我们不会嘲笑那些差的人，只会嘲笑那些不认真的人。"虽然人与人有很大的差别，但是最大的差别是努力不努力、认真不认真。因为，只要你真正地努力了、用心了、认真了，你一定会受到尊敬，最终也一定能够有所成就。

扮演好人生的角色

人生如戏，主角有时会当叫花子，而配角有时扮演大爷。每个人都扮演着不同的角色，好演员不仅能够扮演好适合其个性的角色，也会用心扮演好任何不同的角色，达到随戏入情的忘我境界。人生如戏，戏如人生。在现实生活中，我们不妨向那些演员学习，做好当下每件事。

追求精神的富足和内心的强大

有个朋友说："穷，不仅指物质，也指精神；弱，不仅指体格，也指内心。"我想把其中的"也"改为"更"，因为真正的贫穷，是精神的无能；真正的羸弱，是内心的无助。人的物质需求毕竟是有限的，人的精神追求才是无限的。人的体格的羸弱可以通过锻炼改善，人的内心的强大需要阅读和历练。

学会戴着镣铐跳舞

即使是思想，也没有真正的自由，因为每个人的思想也会受他阅读和视野的局限。行动就更加没有绝对的自由。规则和限制，有时是为了更大的自由而设置的。我们其实都在戴着镣铐舞蹈。这让我想起了作家纪伯伦的一句话："真正自由之人，是能耐心地背负起束缚奴隶的桎梏之人。"

什么样的痛苦才是人生的养料

所有的成功都与痛苦相关，但是，并非所有痛苦都会铸就成功。如果只是流泪，痛苦只会滋生软弱，迅速干涸。只有经过咀嚼、反思、彻悟，痛苦才能够成为精神的财富、人生的养料。这样的痛苦，本身就是一首关于生命的隽永史诗。

每朵乌云背后都有阳光

人生不如意之事十之八九。生活难免会遇到挫折，行动难免会遇到障碍。但是，当我们拥有足够的智慧与胸襟，就能明白希望其实永远存在。在乌云密布的日子里，有时需要一阵狂风刮过，有时甚至只需要静静等待，我们就能看见大地被阳光笼罩。

奋斗永远在路上

"耐得住寂寞才能守得住繁华，该奋斗的年龄不要选择了安逸。"守住繁华，就要抵制喧嚣耐得寂寞。人生其实没有所谓安逸的年龄。少年有少年的梦想，青年有青年的追求，中年有中年的期望，老年有老年的希冀。奋斗永远在路上。

你缺的是毅力而不是力气

有人说："成大事不在于力量的大小，而在于能坚持多久。"人生是一场毅力的角逐。如果我们满怀信心，朝着理想的方向，下定决心要达到目标，并且能够不断努力，不放弃不泄气，一定会收获意外的成功。

守住心中的梦想

冯骥才说："梦想是你最宝贵的私有财富，谁都无法拿去，除非你自己放弃。"梦想是人前行的指路明灯，是人最为宝贵的财富。而且，这个财富只属于你自己，别人无法窃取。只要你不放弃，梦想会永远随你而行。其实，人是自己最大的敌人，所有的梦想都是自己放弃的。战胜自己，拥有梦想，才能成就自己，实现梦想。

生命的意义在于挑战不可能

生命，固然需要长度，但更需要宽度、厚度和力度。生命的意义在于挑战不可能。把不可能变为可能，生命就被书写为传奇。每个人都有无限的可能性。

所谓人才，就是把一些可能性变成了现实；所谓天才，则是最大限度地实现了可能性。

找到并坚定前行的方向

最好的老师是自己，最大的敌人亦是自己。世界上所有的问题，往往都需要自己解决。所以，一定要说服自己：寻找一个生命的原型，设立一个人生的目标，聚集全部力量，不断地向着明亮的方向前行，荣辱无动于衷，毁誉在所不计，才是最好的人生姿态。

成功没有捷径唯有坚持

法国化学家路易斯·巴斯德说："字典里最重要的三个词，就是意志、工作、等待。我将要在这三块基石上建立起我的金字塔。"成功无捷径。坚强的意志，不达目的不罢休；持续的工作，遇到困难不动摇。把自己的一切纳入目标的轨道，有所为有所不为。等待不是消极的停滞。命运之神不来敲门，你就努力去敲她的门。

伟大由专注铸就

伟大由专注铸就。在充满诱惑、令人眼花缭乱的时代，专注愈发成为稀有品，伟大也因此罕见。

路遥知马力

意大利作家卡尔维诺说过，"我相信缓慢、平和、细水长流的力量，踏实，冷静"。生活需要激情澎湃，需要雷鸣电闪，但更需要细腻坚忍，细水长流。前者可以走得很快，但难以走得很远，因为它是很难长久坚持的。后者虽然缓慢，但是正因为它的平和与踏实，才可以从容地坚守，发挥"路遥知马力"的作用。

人生不会一成不变

生活需要我们有变通的智慧。逢山开路，遇水架桥，既有坚持不懈的韧性，又有及时应变的灵性，这样就没有过不去的坎。灵性与韧性是相辅相成的：缺少灵性时，高人不肯踮脚，矮人不肯弯腰，就会碰壁受挫；缺少韧性时，就会畏惧困难，容易在关键时自我放弃。

内心充满阳光，黑暗自会走远

敢于向黑暗宣战的人，心里必须充满光明。现实生活中，我们常常痛恨黑暗，却又不知不觉成为黑暗的一部分。比如我们痛恨不公，但自己有机会不公平地占据优势时，又很难放弃。所以，战胜自我、战胜人性中的劣根性，就能战胜黑暗。我们的心充满光明时，本身已在驱逐黑暗。

创伤是对生命的洗礼

法国思想家罗曼·罗兰说:"累累的创伤,就是生命给你的最好的东西,因为在每个创伤上面都标志着前进的一步。"不经历风雨,怎样见彩虹?不背负创伤,如何有辉煌?当然,风雨之后不一定有彩虹,创伤之上不一定有辉煌。重要的是,要学会等待,学会坚守,学会愉悦地接受生命的洗礼,学会悦纳自己的点滴进步。

重压之下的逆袭

德国哲学家尼采说过,"其实人跟树是一样的,越是向往高处的阳光,它的根就越要伸向黑暗的地底"。一位朋友告诉我,这句话是他在特别痛苦时不愿放弃的原因。正因为向往高处的阳光和美好,就要更加深刻地洞察与理解那些地底的黑暗与痛苦。越是洞察与理解,越能坚强微笑,越能把向下的重压转换为向上的力量。

困难像弹簧,你弱它就强

如何面对困难和挫折?这是考验一个人智慧、品格和能力的试金石。有人能够不被困难和挫折打倒,并且反思原因,加强修炼,努力克服困难战胜挫折。有人则灰心丧气,怀疑自己,失去自信,怨天尤人。其实困难就像弹簧,你弱它就强。

把不可能变为可能

绝大多数时候,我们对梦想仅仅是想想而已,很少有人真正用心去做,因为永远有着太多人用太多理由来告诉我们:不可能。其实一旦用心行动,就会发现再强的外压下也永远有探索空间,不可能逐渐变成可能,最终成为现实。很多事情开始之前都好像是不可能的。

事业常成于坚忍

古波斯诗人萨迪有句名言:"事业常成于坚忍,毁于急躁。我在沙漠中曾亲眼看见,匆忙的旅人落在从容者的后边;疾驰的骏马落在后头,缓步的骆驼却不断前进。"缓者从容,急者窘迫。一方面时不我待须快马加鞭,一方面慌乱误事要防急戒躁。一方面对人宜宽厚耐心,一方面对己可严格要求。处世艺术在于极高明而道中庸。

不害怕,就是勇敢吗

曼德拉说:"勇者并非指那些不感到害怕的人,而是那些能克服自身恐惧的人。"永远不知害怕的人,不是勇敢,而是莽撞。真正的勇敢必然与智慧联系在一起,因此必然能够分辨出什么是危难,并为之恐惧。真正的勇敢,是在危难关头始终咬紧牙关;真正的勇者,是为了使命,明知不可为而为之。

第二十二章　自省到底有多重要

以祸福得丧付之天，
以赞毁予夺付之人，
以修身立德责之己。[①]
——黄宗羲

反省过去才能不畏将来

历史学家阿克顿说："生活在未来和过去之间。不生活在过去的人，就不会生活在未来。"现在总是短暂的瞬间，总是很快变为过去。未来也会有一天变成过去，我们生活在过去和未来之间。所谓生活在过去才能够更好地生活在未来，就是能够深刻地反省过去，让现在避免过去的错误，让将来更加美好。

从小聪明到大智慧，需要持续不断的反省。

成为最好的自己

有人说："每个人出生时都是原创，但绝大多数人渐渐活成了盗版。""出生时都是原创"，说明我们每个人都具有独特的禀赋，每个人都与众不同。"渐渐活成了盗版"，说明家庭、学校和社会把我们每个人改造得越来越相

[①] 星云大师总监修《献给旅行者365日》，人民出版社，2015。

同。回到原创，让每个生命成为最好的自己，不仅是人的价值回归与实现，也是教育的目标。

成长比成功更重要

成长比成功更重要。其实，成长本身就是最大的成功。我们许多人往往过分看重事情的结局，看重最终的成功。其实，所有事情最重要的是过程，是在过程中的成长。"做，就对了。"扎根是为了更好地成长。

人生就是寻找自己位置的过程

人的一生，就是一个不断寻找自我，发现自我，提升自我，成就自我的过程。许多人终其一生都没有完成这一使命，没有在这个世界上找到自己的位置。

寻找自我不是一件容易的事情，需要不断打破自我。

优秀是一种习惯

虽然常言说"三岁看大，七岁看老"，但人的成长非常复杂，的确很难对幼童预测未来。不过，"一屋不扫何以扫天下"，从一个人做小事的态度和风格，往往可以看出他能否担任大业。优秀是一种习惯，让我们从小事做起。

养成"等一等"的习惯

我们经常容易在情绪化的时候做出一些让自己日后后悔的决定。因此，不妨养成"等一等"的习惯，在自己喜悦的时候、忧伤的时候、愤怒的时候，先冷静下来再做决定。正如那句话所说："别在喜悦时许下承诺，别在忧伤时做出回答，别在愤怒时做出决定。"

小心驶得万年船

国外气象界有句名言：你做对了，没有人会记得；你做错了，没有人会忘记。天气预报对了大家觉得理所应当，错了大家就会难以原谅。因为错误是小概率事件，反而会造成大的后果。我们的人生也是如此。做对事情大家觉得很正常，犯了错误却无法原谅。所以要尽可能不犯大错误。

想赚钱要先让自己值钱

对待金钱的态度会影响人的幸福指数。一方面，没有钱是万万不能的，没有钱很难有体面的生活。另一方面，钱也不是万能的。人如果为钱活着，就会成为金钱的奴隶。赚钱多少，与人的能力、运气等有关，关键还是自己要成为有价值的人。正如李嘉诚所说："在抱怨自己赚钱少之前，先努力学着让自己值钱。"

用正能量影响周围的人

只要活着，无论是否愿意，我们实质上都在影响着周围的人。我们积极一点，就向周围多传达一分正能量；我们消极一点，就向周围多传达一分负能量。正负的比例，就是我们活着的价值。正如曼德拉所说："生命的意义不仅是活着，而是我们给别人的生命带来了何种不同。这决定了我们人生的意义。"

不因情废事

人往往是被自己打败的，不是被事情打败的。事情再难，总可以找到攻坚克难的办法，兵来将挡水来土掩，没有过不去的坎。但被不良的情绪笼罩，则会使自己产生无意义感，失去前行的力量。做自己情绪的主人，不因情废事，才能成就大业。

扬长避短，也要补短

中国科学院院士杨雄里说："一个人往往容易扬长避短，总是希望发挥自己的长处，这当然不错。但是，如果总是'避短'，而不注意去'补短'，那么，短处始终是短处。"扬长避短是做事的捷径，需要掌握；扬长补短是成长的精神，必须拥有。所以，有时遇到困难，明知不可为而为之，正是加速成长的好办法。

不要在阴影中抱怨阳光

每个人都有防御的本能，经常会感受到世界对他不公：做同样的事情得到的报酬和评价不一样；有同样的业绩别人获得提拔自己却没有份……当我们抱怨太阳没有把温暖的阳光洒向自己的时候，却没有意识到自己正在阴影中发牢骚。凡事多从自己找原因。

聪明人最容易干傻事

笨人往往循规蹈矩，虽然经常缺少创新，但也较少做超越边界甚至伤天害理的事情。聪明人往往自以为是，所以胆大妄为，没有底线。结果最傻的事情往往出自聪明人之手。所以《红楼梦》中写道："机关算尽太聪明，反误了卿卿性命。"

当努力不被关注

卓越的团队中，每个人都以付出为荣为傲。虽然努力不一定能让别人认可，虽然历史常记住功劳忘记苦劳，但入心先入眼，立功先受苦，努力做好每件事，用心对待每个人，行动终有收获。

珍惜那些爱我们的人

很多东西，你拥有的时候，觉得很平常，一旦失去才感觉它的珍贵。朋友也是如此。正因为彼此欣赏彼此热爱，往往不会去用心耕耘细心呵护。所以，应该欣赏那些欣赏我们的人，热爱那些热爱我们的人，帮助那些帮助我们的人。

小心被外物奴役

拥有财富、职位、名声的人，通常被认为是人生有价值的成功者。其实这些只是工具，既能成为摆平人的诱饵或大棒，也能成为帮助人的强大能力。衡量一个人的价值，不是看他摆平了多少人，而是看他帮助了多少人。记住人生真正的价值在于帮助他人，避免我们被外在事物异化。

你如何看待金钱

家有千间房只能住一间，拥有千张床只能睡一张。其实，真正的金钱与财富是你直接支配与有效使用的部分，其余都不属于你。当一个人为赚钱而赚钱的时候，他已经忘记财富本身的意义。正如诺贝尔所说："金钱这种东西，只要能解决个人的生活就行，若是过多了，它就会成为遏制人类才能的祸害。"

人生枷锁无处不在

卢梭说："人是生而自由的，但却无往不在枷锁之中。"每个人都希望拥有真正的自由，无拘无束，不受限制。也许，只有思想可以在自由的世界翱翔。其实，自由永远是相对的，有条件的。枷锁，就是我们自由的边界。无论是外在的法律，还是社会的舆论、道德的规范、自己的视野，都是我们的枷锁。

真正的智者都明白自己的局限

人们常常犯一个错误："给个猴牵着，就以为自己是齐天大圣。"其实，不仅我们自己经常会犯晕，把自己当作齐天大圣，其他人也会把我们当作齐天大圣尊崇。久而久之，便以为这个世界舍我其谁，无所不能，不把一切放在眼里了。真正的智者，会越来越恐惧谨慎，他知道自己的局限与无能处。

你真的够努力吗

有人说："压力不是有人比你努力，而是比你牛几倍的人依然在努力。"其实，比我们强几倍的人，往往都比我们努力几倍。世界上没有无缘无故的成功，正如天上不会无缘无故地掉下馅饼。所有的努力，不是为了超越别人，而是为了超越自己。不断地努力，不断地学习，不断地反思，才能不断地超越。

打铁还需自身硬

德国电影剧作家布莱希特有句名言："不管我们踩着什么样的高跷，没有自己的脚是不行的。"踩高跷是舞蹈者脚上绑着长木跷进行的表演，靠的是脚上功夫。人生的行走也是如此，虽然也需要借助外力，要有高人指点，贵人相助，但最关键的还是要靠自己努力。有脚才有路，路永远在自己脚下。练好脚上功夫才能走好人生之路。

人生没有彩排

人生如戏，每个人都扮演着不同的角色。人生又不是戏，因为人生没有彩排，不能够重来一回。好在人生的舞台很大，演出的时间很长，一幕没有演好还有机会演好下一幕。只要不断努力，就会一幕比一幕更精彩，到谢幕的那天，即使没有雷鸣般的掌声，也会心安无悔。人生没有彩排，每天都是现场直播。

勤奋永远比天分重要

天才是什么？那就是终生不倦地纯朴地劳动。天才们关于天才的论述总是如此相似。牛顿说："天才就是长期劳动的结果。"托尔斯泰说："天才的十分之一是灵感，十分之九是血汗。"爱迪生说："天才就是百分之一的灵感加上百分之九十九的汗水。"所以，勤勉劳作、永不停歇才是成才之正道。

甘于平庸，将永远平庸

有人喜欢平淡的美丽，有人喜欢壮阔的精彩。但平淡绝不是平庸的借口。人来到这个世界上，总要尽可能活出自己，总要把自己的潜能挖掘出来，总要为这个世界留下一些精彩。平庸，其实就是一种逃逸，一种懒惰，一种自我放弃。甘于平庸，其实就是自我放弃。

沉溺过去还是走向远方

走过的路，有许多精彩的风景，有许多难忘的记忆。偶尔回头一瞥，会心一笑，当然无妨。但是，人的精力和时间总是有限的，走过的路，没有必要不断回头，沉溺于过去。因为这往往会使你放慢步伐，甚至会忘却你的目标。毕竟，远方才是归宿，才不断有美丽的风景。

有脚才有路，路永远在自己脚下。练好脚上功夫才能走好人生之路。

不要把赌注押给明天

"明日复明日，明日何其多。我生待明日，万事成蹉跎。"时间利用了就是财富，没有利用就是流水。真正属于自己的时间，就是当下，就是当前的那个"一刹那"。所以，永远不要把赌注押给明天，认认真真把握今天，把握当下，才不会虚度光阴。

抓得住的时间才有价值

时光如水，一去不返。但是，如果在同样长度的时间里用心去做每一件事，不仅拓展了你自己生存的空间，其实也延长了相对的时间。所以，抓得住的时间就是黄金，抓不住的时间就是流水。善待生命中的每个人每件事每分钟，就是延长了生命。

以敬畏之心对待时间

可以没有信仰，不能没有敬畏。信仰增进从善的力量，敬畏约束作恶的力量。

在时间面前，一切都会水落石出，一切都会原形毕露。时间会让一些原本"伟大"的人与事变得渺小，也会让原来"正确"的人与事变得荒谬。学会以敬畏之心对待时间这位最伟大的批评家，我们就会认真地做好每件事。

对生命做加法

一般而言，人的生命的长度是自己无法把握的，只能由时间老人给我们做它的加法或者减法。但是，我们生命的宽度、高度和温度，却是由我们自己创造的。阅读、公益、创新，所有善行都不会随着我们的肉体的消失而消失，时间老人用加法让生命的创造永恒。

真正的工作在于实现自我

著名雕塑家罗丹说："工作就是人生的价值，人生的欢乐，也是幸福之所在。"很多人把工作视为谋生的手段，这当然也对，但只是最低层面的意义。从时间看，工作占据一个人一生中最美好的一段光阴。从结果看，工作最后呈现一个人一生创造出的价值。因此，真正的工作意味着创造自我，实现自我，并因此而幸福。

汗水与泪水

眉毛上面没有汗水，眉毛下面就会有泪水。打小算盘的人往往会算错大账。

大恩与小惠

大恩无形而常遭忽视，小惠有形而每被看重。

第二十三章　选择造就迥异的人生

生，亦我所欲也；义，亦我所欲也。二者不可得兼，舍生取义者也。[①]
——孟子

拓宽瞭望世界的窗口

儿童文学作家郑渊洁说："其实所有人都是井底之蛙，区别在于井口的直径不同。"是的，每个人都是有局限的。每个人所看到的都是他目力所及的。既然我们都是井底之蛙，我们就应该尽可能选择直径更大的井去看世界。人不同于蛙的地方，在于我们可以改造自己的井口直径，在于我们能够意识到我们的视野受限。

公认的机会已不是机会

当一件事被所有人认为是机会的时候，就已经不再是机会。所谓机会，往往总在一个很短的瞬间。机会一般只青睐有准备的少数人，当所有人认为机会来临时，它其实已经悄悄溜走了。正如培根所说的："机会先把前额的头发给你捉，而你不捉之后，就要把秃头给你捉了。"所以，不要跟着别人抓机会。

[①] 孟子:《孟子》，方勇译注，中华书局，2017。

人生是一个不断选择的过程

人生其实就是一个不断选择的过程。一个重要的选择，往往会改变一个人的人生轨迹，甚至改变一个人的命运。该选择时不选择，其实就是选择了不改变。这样的选择，虽然避免了风险，但也失去了机会。

所谓选择，就是科学理性的判断，就是为即将来临的机会做准备。

择友，关乎未来

与谁为伍，你就会成为谁。

威廉·詹姆斯说："不论你走到哪里，正是你自己的朋友构成了你所生活的世界。"与谁为伍，你就会成为谁。你的朋友不仅构成了你的生活世界，甚至也决定了你的人生走向。选择朋友，就是选择未来。有些人，你要陪他走一程；有些人，你要陪他走全程。为和你一起行走的人喝彩，就是为自己的前行加油。

选择不同，人生迥异

有句话是这么说的："胆怯的人在危险前被吓住了；懦弱的人在危险中被吓住了；勇敢的人在危险过后被吓住了。"危险客观存在时，人人都会恐惧。只是，有的人远远躲开退避三舍，有的人三分钟激情之后偃旗息鼓，有的人却勇往直前直至完成使命。相同境况，不同的人用不同行动，创造不同的人生。

什么才是真朋友

现实世界其实是我们心灵世界的倒影。朋友是世界为我们打开的窗。

有人说得好，"什么样的朋友是真正的好朋友？相见亦无事，别后常忆君"。关于朋友有许多美丽的定义，而以上的概括最简约明了。有些朋友，只有遇到事情才会去找他，碰到麻烦才会想起他；有些朋友，没事也想见见面，相守或许感觉不到他的存在，但离别后却觉得他不可缺少。后者才是真朋友。

人与人的连接需要整个的心灵

山与山的连接只需要一小块石头，人与人的连接却需要整个的心灵。建立信任需要一个很长的过程，失去信任只要一件小事。

大处着眼，小处着手

有人说："人要有着眼点，又要有落脚点；前者是战略，后者是战术。"这就是一般说的"大处着眼，小处着手"。从战略上看，应该视野宽阔放眼量；从战术上做，应该仔细缜密落脚实。有战略的眼光，就能够看清自己前行的方向，不再犹豫彷徨；有战术的行动，就能够步步为营、扎扎实实，不断走向成功。

洞察是非曲直的方法

威廉·詹姆斯说："不论在哪里，只要出现了意见冲突和见解差异，我们都必定相信，较为正确的一方是那感受较多的一方，而不是感觉较少的一方。"虽然真理有时掌握在少数人手中。在判断是非时，一个重要的方法是把宝押在"感受较多"的那一方，因为他们会思考得更多，利益相关更紧密。

被选择的机会才是机会

有人说:"决定命运的,不是你面临的机会,而是你做出的选择。"努力加机遇,被认为是成功不可或缺的两个基本条件。机遇只垂青于有准备的头脑。也就是说,不努力的人,即使在机会来临时也无法辨认,更无从把握。所谓选择,就是科学理性的判断,就是为即将来临的机会做准备。

机会一般只会敲一次门

"不要以为机会会第二次敲门。"每个人都看过壶中水开产生的蒸汽,但是只有瓦特抓住机会发明了开启工业革命的蒸汽机。机会只垂青于那些有准备的人。所以,我们的任务是努力充实自己,等待机会的光顾。因为机会一般只会敲一次门,如果我们此时在蒙头大睡,就会与之擦肩而过。

机会对珍惜它的人才有意义

"买椟还珠"是流传至今的故事,也是至今仍然在发生的事。的确,千里马常有而伯乐不常有,不缺少美而缺少发现美的眼睛。所以,同样是生命,有人极其珍惜,有人虚掷光阴;同样的工作,有人当糊口的工具,有人当一生的使命。最后,不同的人活出不同人生。正如古罗马剧作家普劳图斯所说,"有价值的东西只有对懂得价值的人才有意义"。

致力于拥有,还是有所作为

德国哲学家黑格尔说:"人,随便怎么分类都可以,不过我觉得最好的区分是：一种人毕生致力于拥有，另一种人毕生致力于有所作为。"[1]拥有与有所作为，是两种不同的人生取向，前者倾向于得到、收藏、聚集，无论是知识还是财富；后者倾向于付出、行动、助人，实现自身的价值。拥有重在结果，作为重在过程。

不要把常待的地方当成全世界

《天堂电影院》里有一句话："每天待在这里，会把这里当成是全世界，不再追寻，不再拥有。所以，你得离开一阵子。"其实，"坐井观天"讲的就是这个道理。生活太容易把我们雕琢得墨守成规了，所以，敢于突破自己、挑战自己，敢于变换一下经历和职业，对我们也许不是一件坏事。虽然会痛苦，但同时也是机会。

优秀是卓越的敌人

优秀会成为卓越的敌人，不是优秀本身的问题，更不是优秀的错，而是"优秀"的心态会让人满足，让人没有危机意识，让人习惯按照过去的方式运转。

自知者明，自制者强

自知者明，自制者强。人，可以成为自己的主人，也可能成为自己的奴隶。冲动是魔鬼。我们许多愚蠢的言行都是在失去控制下的产物，事后也经常后悔不已。稳妥的办法，是尽可能不立即做出回应，先"冷却"一下。缓过神来，你看到的世界也许就不一样。

如果你想征服全世界，首先你得征服自己。

---

[1] 黑格尔：《黑格尔全集》，上海人民出版社，2013。

攀登者就是最美丽的风景

攀登，是为了看更美丽的风景。后来，攀登者成了最美丽的风景。

学会尊重别人的隐私

俄国哲学家车尔尼雪夫斯基说："人人都希望他的内心生活中有一个不容任何人钻进来的角落，正如人人都希望有一个自己独用的房间。"正因为每个人都希望有一个属于自己的空间，我们才需要学会尊重别人的隐私。在没有得到主人的允许时，不要轻易走进别人"独用的房间"，哪怕对方是你的孩子。

练就控制自己脾气的本事

作家杜子建说："把脾气拿出来，那叫本能；把脾气压下去，那叫本事。"这句话说得很有道理。发脾气，这是连动物都会做的事情。虽然有时在所难免，但如果不加控制，可能会铸成大错。或者被领导炒鱿鱼，或者让部下恐惧你，或者让朋友远离你。所以，学会控制自己的脾气很重要。

勿拿他人的错误惩罚自己

有句名言大家耳熟能详："生气，是拿他人的错误惩罚自己。"可是在生活中，我们还是经常会莫名其妙地生气。有时是生自己的气，觉得自己没有处理好某些事情，这是拿自己的错误惩罚自己，其实只要下次注意不犯同样的错误即可。而生他人的气更是大可不必，因为你无法改变他人，勿拿他人的错误惩罚自己。

说真话，心不累

一个谎言，往往需要十个谎言来圆，说谎者也经常担心害怕谎言被揭穿，所以会活得非常累。而说真话的人，则不必记住他曾经说过什么，不必用谎言来编织生活，所以会坦然踏实。宁愿不说，说就要说真话，应该成为我们为人处世的基本准则。

讷言敏行是一种成熟

沉默是金。它不是不让我们说话，而是告诉我们：讷言敏行，多做少说，甚至只做不说，才是成熟的标志。如果信口开河，到处承诺，结果无法兑现，就会失信于人，也会给自己很大的压力。

看准时机再说话

柏拉图说："智者说话，是因为他们有话要说；愚者说话，则是因为他们想说。"不说则已，一鸣惊人，通常是聪明人的特征。少说，经常能够藏拙，为说而说，如果不能自圆其说，反而让自己难堪。所以，会议中、言谈时不要怕别人抢了先机风头，看准了想好了再说不迟。

不要去欺骗别人

美国企业家乔布斯说："不要去欺骗别人。因为你能骗到的人，都是相信你的人。"的确，在生活中真正上当受骗的，以"自己人"居多。熟悉的亲人朋友，他们选择了相信你。所以，一方面我们不要伤害那些信任自己的人，因为失去他们，你就失去了整个世界；另一方面我们遇事要理性思考，不要盲目轻信。

有权慎用手中权

生活是公平的。我们经常羡慕那些"油水多"的行业,殊不知,油水越多风险越大,越容易滑倒"中枪",所以难怪现在有人把权力部门视为"高危行业"。于我们而言,应有的态度是:无权莫羡有权人,有权慎用手中权。财富都是身外物,清白方能保安全。

第二十四章　保持强烈的好奇心

虚荣心和好奇心是我们灵魂的两条鞭子。后者驱赶我们把鼻子放在一切东西上面，前者禁止我们犯游移不决的毛病。
——蒙田

兴趣有多大，世界就有多大

兴趣决定了人生的方向与成就。兴趣有多大，世界就有多大。波兰天文学家哥白尼说："为了让人们望着天空不感到害怕，我要一辈子研究它！"少年哥白尼就向往繁星闪烁的天空，想让星星和人交朋友。哥哥让他不要管天上的事情，因为"天上的事有神学家操心"，但是他依然坚持研究天文学和数学，提出了著名的"日心说"。从兴趣走向信仰，是许多研究者的成长路线。

人的成就与抵制诱惑的能力成正比

一个人的成就与他抵制诱惑的能力成正比。

生活毁灭人是无声无息的，犹如滴水穿石。同样，生活成就人也无声无息，关注生活的细节和进程，成为生活的主人，就能被生活所成就。

建立一个科学的知识架构

俄国科学家门捷列夫说:"科学在开始就像架桥一样,它能建成所依靠的是不多的深桥墩和长梁。"桥墩和桥梁是架桥的基础,做学问也需要这样的桥墩和桥梁。那些最伟大的经典、最基础的研究,就是架设科学之桥必须建造的桥墩和桥梁。桥墩和桥梁的建造所需要的时间往往较长,做学问亦如此,不断积累,自会水到渠成。

好习惯改变人生

习惯改变人生,习惯改变世界。习惯可以让生活变得很美好,习惯也可以让事情变得很糟糕。教育就是培养习惯,读书的习惯、锻炼的习惯、慎独的习惯,等等。人的行为是受习惯支配的,这也是新教育推进"每月一事"的原因所在。

学问的价值在于分享

英国物理学家瑞利说:"学问不能和财富相比,它是绝对不可以自私的。"财富的分享只会不断减少,学问的分享却会不断增加。交换一个苹果彼此仍然是一个苹果,交换一个思想彼此会有两个思想。把学问视为私有财产是可耻的。学问的价值是造福更多的人。分享学问,让更多的人因此受益,是学者最大的荣光。

精神生活的意义

人是一种精神动物。如果仅仅满足于物质的享受,没有精神的生活,没有阅读,没有思考,那么人类就与其他动物没有本质的区别。所以,要成为真正意义上的人，就要有精神生活。不仅要行万里路，更要读万卷书；不仅要看自然的风景，更要看精神的风景。

好奇心让你的世界常新

世界上不可能有什么都尝过的人，只有自认为什么都尝过的人。拥有对世界的好奇心，拥有对未知世界的敬畏心，就会时刻关注周围的世界，就会看到许多崭新的事物，就会得到新知。在一定程度上说，我们看到的，总是我们希望看到的和能够看到的。

读书越多越觉得自己无知

有人说："知识是一种使求知者吃得越多越觉得饿的粮食。"世界上所有的食物都是越吃越饱，唯有一种食物是越吃越觉得饥饿的，那就是知识。无知者无畏。知识越少，往往人的胆子越大，什么都不怕，什么都敢干。知识越多，人就越知道自己的无知，越知道应该不断学习，求得新知。

要保持精神的饥饿感，因为，求知是一条只有起点而没有终点的路……

虔诚心，是求知的基础

人的智力和见识与人的求知欲望是成正比的。而虔诚心，是求知欲的基础，是发展智力和获取知识的重要来源。怀有一颗虔诚心，就会虚怀若谷，就会敞开胸怀，就会知道世界之宏大、知识之浩瀚，就会知道个人之渺小。所以，在求知的路上一定要让虔诚心陪伴你。

思想推动人类走向成熟

威廉·詹姆斯说过,"情感是认识的萌芽与起点,思想是成熟的大树"。在人类认识世界的过程中,情感是让种子萌芽的关键要素。没有人类的好奇心,没有求知的渴望,就没有人类探索世界的激情。但是,要真正地把握世界,就需要思想的力量,需要拨开迷雾看到事物的本质。所以,思想是人类成熟的大树。

不懂的事不要乱说

知识的海洋浩瀚无边,在它的面前,我们每个人拥有的只是沧海一粟。我们每个人的确是无知的。虽然有许多学贯中西、博览群书的专家,但他们也只是比一般的人懂得更多更深,不等于他们对任何问题都有发言权。最可怕的就是没有边界地乱说。

真理与谎言只有一步之遥

谎言与真理有时只有一步之遥。而且,谎言有时候是打着真理的旗号出现的,今天的真理也可能会成为明天的谎言。许多真理都是有条件的真理,正如许多格言也是有前提有语境的,往前跨一步,变成绝对真理和格言,就会成为谬误,误导人们。

怀疑才能少犯错误

问号是打开世界之门的钥匙,怀疑是人类进步的阶梯。没有怀疑,我们就会把一切视为天经地义,就不会拥有变革创造的激情;没有怀疑,就不会有伽利略、牛顿,就不会有科学的发现。正如英国哲学家约翰·穆勒所说:"人类一见事物不复有疑就放弃思考,这个致命的倾向是他们所犯错误的半数原因。"

把学习当成一件快乐的事

物理学家爱因斯坦给 11 岁儿子谈学习秘诀时说:"当你快乐地做某件事而你却未发现时间流逝时,这就是学得最多的时候。"其实,学习负担的轻和重,往往不是以学习时间长短和强度大小来判断,而是以学习时情绪的好坏来衡量的。快乐地学习往往不觉时间流逝,不快乐地学习则度日如年。

回望心灵是为了走得更好

有人说:"我们应该有放慢脚步回望从前的勇气和回望心灵的能力。"这个提醒告诉我们,在匆匆前行的过程中,不要忘记对自我的反思,而让灵魂跟不上脚步。要倾听内心的声音,看看已经走过的路方向对不对。放慢脚步和回望心灵是为了走得更快更好。

知道,知足,知止

有人说:"人生两境界:知道与知足。知道让人活得明白,知足让人活得平淡。"知道,是向外探索,寻找真理,拓宽视野的过程;知足,是向内反求,寻找安宁,拓宽胸襟的过程。人知道得越多,才越能够感觉到自己的渺小,从而不断地学习,洞察人情世故。人只有知足知止,才能沉静安宁,不被贪欲淹没。

点燃信仰之灯

纪伯伦说:"信仰是心中的绿洲。"信、望、爱、学、思、恒,信是第一。现实生活不可能永远一帆风顺。有时人们会遇到艰难险阻，就像茫茫大漠阻隔在面前，此时需要强大的心灵、坚持的行动，才能渡过难关。依靠信仰的力量，就像依靠绿洲，为心灵补给能量，才可能成功穿越沙漠。

克服知识缺乏的羞愧

尼采说："若不是在通向知识的道路上，有如此多的羞愧要加以克服，知识的魅力便会很小。"人类的知识是无边的海洋，我们知道的只是沧海一粟。与我们的工作、生活、兴趣有关的知识，也是辽阔无际的。只有懂得克服知识缺乏的羞愧，才会有追求知识的力量。

世界是自己的，与他人毫无关系

人是一种社会性动物，每个人的世界必然与其他人紧密相连。无论如何处理与外界的关系，或多或少我们都会受外界的影响。但是，只有我们处理好与自己的关系，不再为外部世界而活着，真正的宁静幸福才会到来。正如作家杨绛所说："我们曾如此期盼外界的认可，到最后才知道：世界是自己的，与他人毫无关系。"

放宽心，不计较

有人说："心若计较，处处都有怨言；心若放宽，时时都是春天。"人能够看到的，往往是他想看到的。大千世界，色彩斑斓。我们总是看到自己能够看到、愿意看到的。眼睛的背后是心灵。心宽则眼宽，心狭则眼狭。心宽时在严冬也可以看到春色，心狭时在春天也会感觉严寒。放宽心，就是放飞心灵。

心怀希望是人生最大的幸福

希望是人生的灯塔，也是幸福的源泉。人之所以能够忍受生活的磨难，往往是因为对明天寄予希望。所以，治疗忧虑和苦恼的良方，就是帮助人建立起对于未来的希望。幸福不是在实现希望之后，而是在追寻希望的过程之中。

拥有一颗收放自如的心灵

法国哲学家布莱瑟·帕斯卡说："人类不快乐的唯一原因，是他不知道如何安静地待在自己的房间里。"其实，他的话有些绝对，每个人的不快乐都有不同的原因。但能否安静地独处，的确是一个人是否快乐的重要因素。当一个人不再把目光聚焦于外面的世界，而拥有一颗宁静的心灵时，真正的快乐才能够出现。

最高贵的心灵，必须是坚固的

每个人都是自己的心灵的建造者，有怎样的心灵，就有怎样的人生。最高贵的心灵，应该是最坚固的。每个人都会遭遇各种各样的困境、磨难和挑战，脆弱的心往往经不起轻微一击而一蹶不振，坚固的心则能够从容应对。正如作家毕淑敏所说："优等的心，不必华丽，但必须坚固。"

宽恕是对自己的解放

当我们的内心充满着抱怨、愤怒和仇恨时，我们永远不可能有幸福与快乐。宽恕、放下，看起来是对别人的原谅，其实是对自己的解放。冤家宜解不宜结，化敌为友最高明。

别让仇恨侵蚀了内心

曼德拉有句十分睿智的话，这也是他的肺腑之言："当我走出囚室迈向通往自由的监狱大门时，我已经清楚，自己若不能把痛苦与怨恨留在身后，那么其实我仍在狱中。"他坐过 27 年牢，却用行动证明，他并没有让仇恨侵蚀自己的内心。其实，仇恨本身也是一个枷锁，只有打碎这个枷锁，才能为自己赢得真正的自由。

如何获得更大的自由

曼德拉说："自由不仅仅意味着摆脱自身的枷锁，还意味着以一种尊重并增加他人自由的方式生活。"其实，束缚每个人的枷锁，不是周遭环境，而是自己的心魔。摆脱这样的枷锁，才可能享有真正的自由。但永远有人无法靠自己挣脱自身枷锁。当我们为这些人的自由而奋斗时，我们的心将获得更大的自由。

舍弃让内心更充实

人的行为是受人生观、价值观支配的。贪的根源是占有欲，苦的感觉是心累，贫的根子是懒惰，惧的原因是担心失去。抵御各种诱惑，丢掉那些外在的东西，让属于自己的每一天充实起来，是我们最好的选择。

不要无谓地给心灵添压

有人说："心是个口袋，什么都不装时叫心灵，装一点时叫心眼，装多时叫心计，装更多时叫心机，装得太多时就叫心事。"我们经常说一些朋友"没心没肺"，他们不会算计别人，不会计较小事，而且生活得从容，有滋有味。正所谓难得糊涂、吃亏是福。透明的心是一尘不染的，不要无谓地给它添压。

心有多大，世界就有多大

散文家丰子恺说："心小了，所有的小事就大了；心大了，所有的大事就小了。"[1]你用怎样的眼光看世界，世界就会变得怎样。你看到的世界，取决于你的视野，而你的视野取决于你的心胸。有些人斤斤计较，锱铢必争，是因为他的世界很小很小；有些人坦坦荡荡，愿意吃亏，是因为他的世界很大很大。

---

[1] 丰子恺：《丰子恺全集》，海豚出版社，2016。

第二十五章　做一个宽容的人

一个人的格局有多大，取决于他的修养有多高。
——朱永新

礼貌比智慧和知识重要

孔子说："不学礼，无以立。"一个不懂得礼貌、不懂得尊重别人的人，是无法真正得到别人的尊重的，也是很难拥有真正的朋友的。礼仪不完全体现在外在的形式上，儒雅、大度、谦让是礼貌的基本要求。

学习智者的品格、仁者的胸怀

作家周国平说："大智者必谦和，大善者必宽容。唯有小智者才咄咄逼人，小善者才会斤斤计较。"谦和是智者的品格，宽厚是仁者的胸怀。越是谦和，越能够不断学习吸纳；越是宽厚，越能够得到支持帮助。咄咄逼人，斤斤计较，都是把铜钱看得比磨盘更大的人。

没有无限制的自由

尼采说："人们软弱时便寻求自由，而当人们强大时便向往霸权了。"崇尚和追求自由，是人的天性，无论是软弱的人，还是强大的人。当一个人的自由与其他人的自由产生矛盾时，或者通过契约，或者通过霸权来平衡不同的自由。人们在强大以后，往往就会进一步追求更大的自由，进而向往霸权。

地位不同，人格平等

人与人的地位有差距，人格却是平等的。在傲慢的人面前我们可以有卑微之形，不应该有卑微之心。同样，在卑微的人面前我们更不必傲慢，那样只能显示自己的无知。

原谅别人也是解放自己

人心比大海还要变幻莫测。心理学的研究表明，人与人的矛盾和纠纷，90%以上是误会造成的。指责别人，把过错推给别人，其实也把友谊和合作的可能推了出去。原谅别人，会让对方感受到你的宽容，产生对你的感激和爱戴。原谅别人，其实也是解放自己。

懂得批评的策略与艺术

人总是喜欢听赞美之言，不喜欢听批评之语。当然，批评的意见未必全部正确，赞美的意见也未必都是善意，这就需要我们认真倾听，仔细甄别，有则改之，无则加勉。一方面，如果我们是被批评者，就应该知道良药苦口，忠言逆耳，不必为别人的批评耿耿于怀，甚至要有点闻过则喜的精神，正如苏联作家高尔基所说："不要为了尖锐的批评而生气，真理总是不合口味的。"另一方面，如果是批评者，我们也要懂得批评的策略与艺术，尽可能让批评好听一些，委婉一些，艺术一些。

不要伤害别人的自尊心

地位再卑微的人也有自尊心。按照马斯洛的需求层次理论，尊重的需要是在生理的需要、安全的需要、社交的需要之上的高层次需要。自尊心是人心灵的最敏感的角落，伤害一个人的自尊，其实就是在伤害他的生命。而维护和培养一个人的自尊，就是培养他自强不息的力量。

修炼自我，是万事之根本

对最坏的结果有所准备，就不会杞人忧天。一个人若得到大家发自内心的敬重，轻言细语就能服众。那些搬弄是非口舌不断的人，必然是对他人缺乏信任、对人生缺少信念的人，本质源于无法确立自我的自信丧失。修炼自我，是万事之根本。

宽容别人，升华自己

房龙的《宽容》之所以风靡全球，是因为它道出了智慧的艺术。宽容，是为别人留下了空间，更是为自己创造了可能。威廉·詹姆斯也说过，"智慧的艺术就是懂得该宽容什么的艺术"。宽容，不是作为胜利者居高临下的施舍，而是作为同行者尽释前嫌的理解。宽容，能够让我们的人生更加从容，让我们的行走更加洒脱。

眼界决定境界

我们有着怎样的心灵，就有着怎样的眼睛，就能看见怎样的世界。哲学家陈先达说："用仆人的眼睛很难看出英雄，因为他的眼界是仆人的眼界。"所以，当我们不断抱怨周遭的事与人时，往往意味着我们更需要努力提升自我的修为和心胸，让自己拥有一双发现美的眼睛。

从容忍走向容纳

有容乃大，大才能容。格局越大，越需要容纳。有人的地方就会有矛盾，做事情就会有冲突。人无完人，金无足赤。容纳就是凝聚最大的力量，发挥每个人的长处。容纳是一种胸怀，是主动地悦纳；容忍是一种无奈，是被动地接受。成大事就要从容忍走向容纳。

人才最终是被自己毁掉的

学者易中天说："人才，就是不被社会和自己毁掉的学生；良师，就是不把学生毁掉的老师。"其实，人才最终是被自己毁掉的。人最大的敌人是自己，而不是别人。社会会毁人，但只要自己心不死，总能再次站立。不把学生毁掉就是良师，把良师的标准降低太多了。也许这是根据现状提出的底线。

每临大事需有静气

英国作家查尔斯·狄更斯说："无论做什么事情，都不要着急。不管发生什么事，都要冷静、沉着。"遇到紧急的事情，很少能做到不急不慌。在巨大的压力下，保持心静如水也非常不易。林肯的"hot letter"不失为一个方法。遭遇愤怒时他会用写信的方式把对方骂个狗血喷头，写完以后再把信丢进火炉或者放进抽屉。

感谢那些让你改变的人

当有人逼迫你去突破自己时，你要感恩他，他是你生命中的贵人，也许你会因此而改变和蜕变。江山易改本性难移，世界上最难改变的是自己。改变不可能是自觉自愿舒舒服服地进行的，那是脱胎换骨撕心裂肺的过程。一旦改变，一个新我——一个更好的自己会出现。所以，应该感谢那些让你改变的人。

换位思考不容易

遇到事情，能够站在他人的立场换位思考，许多矛盾就会迎刃而解。评价他人，先思考自己有没有类似的问题，就不会对他人吹毛求疵。你为他人着想，他人才会为你考虑。

但换位思考说来容易做来难，因为一个很简单的道理，存在决定意识。此存在要有彼意识，谈何容易？训练的方法之一，就是见贤思齐，见不贤而内自省，学会反思自己的行为。这样换位思考，就能够成为一个受人欢迎和尊敬的人。

施舍比索取更容易得到快乐

英国哲学家培根说："别等到死到临头才去施舍，因为垂死者施舍的是属于别人的财物。"慈善不是富人的专利，每个人都应该而且能够做慈善。施舍比索取更容易得到快乐和满足，更能产生幸福感。人在施舍中可以不断地享受这种快乐、满足与幸福。所以，不妨从现在开始做慈善。

何谓真正的富人

法国哲学家卢梭说："不要做有钱人，但要做富裕的人。"钱再多，如果不会花，钱就不属于自己，当然就谈不上富裕。所以，为钱而活着的人，其实并不是真正富裕的人。只有把钱用好，用在对的地方，用在有意义的事情上，你才能成为真正的富翁。真正富裕的人，是懂得散财之道的人，是物质和精神同时富有的人。

"危机"是两个字

"危机"是两个字，一个字意味着危险，另外一个字意味着机会。

每个人，都可以让这个世界更加美好

野花用自己微小的生命向群山致敬。我们用自己微小的生命装点这个世界。每个人，都可以让这个世界更加美好。

把今天当明天过，是最好的活法

苍天从无数可能的生命中选择了我们，我们只有活出自己，才对得起这个选择。把今天当明天过，是最好的活法。

看到世界的美好

企业家李嘉诚办公桌上有一段话："春有百花秋有月，夏有凉风冬有雪。莫将闲事挂心头，便是人间好时节。"这也是许多人喜欢的一首禅诗。世界只有一个，但每个人看到的世界往往是他想看到的世界，他的视野他的心境决定了他看到的风景。拥有积极的人生态度，就能够看到世界美好的一面。

让每一天都有可以言说的故事

诺贝尔文学奖得主马尔克斯说："生活不是我们活过的日子，而是我们记住的日子，被讲述的日子。"生活是我们记住的日子，是能够被人们讲述的日子，其实也就是说，生活是被我们用心活过的日子。在岁月面前，我们都是渺小的。把每个日子擦亮了，我们的生活就亮堂了，我们的人生就精彩了，就有可以言说的故事了。

你阳光灿烂，世界才会美好

没有多少人会在意你的喜怒哀乐，只有你钟爱的人和热爱你的人才会在意你的一切。你阳光灿烂，世界才会美好。克服你的消极负面情绪，不仅能使自己卸下包袱，也使爱你的人轻松愉快。

把美好与美丽定格在心中

作家素黑说："真正的拥有，是永远在心底里开的花，而不是死抓在手中不肯放开的枯枝。"人世间许多美好的东西，只能够在心中珍藏。就像美丽的鲜花，一旦据为己有，可能很快就会枯萎。美好的东西只能在美好的地方，美丽的花儿只能在美丽的树枝上，把美好与美丽永远定格在心中，是最好的爱惜与珍藏。

在困境中看到光明

在快乐时微笑是容易的，因为这往往是成功者感情的自然流露。在困境中微笑是不容易的，因为这往往是勉强装出来的笑容。但是，学会在困境中拨开乌云看到光明，用自信的微笑迎接未来，鼓舞士气，是成功者必须具有的品质和能力。

不抛弃容易，不放弃困难。不抛弃是情感的认同，不放弃是意志的坚定。

只要行走，就有出路

路途是否遥远，不在距离的长短，而在内心的准备。

人，不是被绳索捆死的，而是被自己的恐惧困死的。只要行走，就有出路。别人造出来的路，永远没有自己踩出来的路实在。后者，总可以找到自己的脚印。

机遇青睐有准备的人

中国工程院院士关桥说："人生的道路总是由多种机遇构筑，而每一次机遇又是以自己已走过的路程和所做出的努力为前提。"机遇就像是从山顶往山下滚动的小石头，在山腰上能捡到的石头，总比在山脚下能捡到的多。人们说机遇青睐有准备的人，就是指在人生的路途中，我们努力地向山峰攀登，自然能发现更多小石头。

比较的方法决定心态

自卑与骄傲虽然是两种极端的心理，但却是最容易互相转化的。这是因为，自卑的人喜欢用自己的缺点与别人的优点相比，越比情绪越低落；骄傲的人则喜欢用自己的优点与别人的缺点相比，越比心里越得意。比较的方式决定心态。

你真的尽全力了吗

人比人，气死人。如果我们不断地把自己与别人相比较，会产生心理失衡。正确的方法是自己与自己比较，你是否竭尽全力了？是否问心无愧？这样自然会不断成长与超越。正如威廉·詹姆斯所说，"生活中的成功并非取决于我们与别人相比做得如何,而是取决于我们所做的与我们所能够做到的相比如何"。

对你讨厌的人微笑

看见喜欢的人喜笑颜开,看见讨厌的人怒目以对,这是人之常情。但是,人是社会的人,人的情感表现不可能随心所欲。以牙还牙,往往剑拔弩张,激化矛盾。自我克制,往往能够避免尴尬,化敌为友。而化敌为友,才是人际交往的最高境界。

生死无常,向死而生

尽管有人把死亡视为一种解脱,似乎没有多少痛苦,但是,真正的死亡威胁降临到我们身上的时候,总还是充满着恐惧和痛苦的。向死而生,应该是对待死亡的最好态度。积极地面对死亡,而不是消极地等待死亡,人生会活得更坦然。有的时候,不妨把每一天当作生命中的最后一天来过。

活在当下

过去的东西,也许只有经验对我们有用。虽然过去的荣耀也会为我们遮一些风避一些雨,但生活在过去的记忆里的人是没有前途的。有人说:"昨天的太阳,晒不干今天的衣裳。"即使过去的经验,也难以用来面对许多新的问题。所以,珍惜今天,珍惜当下,珍惜正在照耀我们的阳光,才是最好的人生哲学。

打破思维的墙

中国核潜艇之父黄旭华说:"在创造性思维领域里,无规则就是规则,无犯规一说。"规则是多数人总结出的法则，是一种智慧的结晶。遵循规则会让人少走弯路，但规则同时也在打磨人的棱角，用条条框框把人限制。创造，是想常人之不敢想，做常人之不敢做。创造力等同于突破规则的力量。让我们认准方向后，勇毅前行！

与其抱怨，不如改变

风景最美丽的地方，往往经历过最剧烈的变化。

成功人士往往不把时间耗费在抱怨上。马云说："永不抱怨的人生态度才是第一位的。"因为，只有自己足够强大，世界才会低头。比尔·盖茨也曾说："人生是不公平的，习惯去接受它吧。请记住，永远都不要抱怨！"抱怨无益，而且伤害的是自己。与其抱怨别人，不如改变自己。先适应这个世界，再改变它。

第二十六章　人生的态度决定人生的高度

一个人只有了解了为社会、为他人创造价值的意义，才是真正地了解了人生。

——朱永新

人生的态度决定人生的高度

同样的石头，背在肩上就是包袱，踩到脚下就成高度。

同样的遭遇，有人哀怨，有人奋起，哀怨者得到包袱，奋起者成就高度。

人生的态度决定人生的高度。态度是一种方法，也是一种眼光，同样的时光，每个人都能创造出不同的生活，可以积极，也可以消极。

死人与活人的差别在于一口气。活人与活人的差别在于状态。

成功者知道命运在自己的手中

成功者就是比失败者多迈过一道难关。成功者知道，命运掌握在自己的手中，道路在自己的脚下。失败者却把未来托付给未知，听天由命是失败者的人生哲学。努力时尽人事，收获时听天命，这样的人一定会得到命运的青睐。

人可以变得很伟大，也可以变得很渺小

人可以变得很伟大，也可以变得很渺小。只要自己不断努力，永不放弃，就会不断进步和成长——这是成功者最基本的信念。失败者却主动出让命运的决定权，不相信人的可变性，也就丧失了变化、进步与发展的可能性。

面对同样的难题，成功者和失败者的差异在于对待的态度和方法不同：成功者会认真分析问题，调动一切力量解决问题；失败者却常被问题吓倒，在问题面前一筹莫展，最后被问题打倒。

失败者之所以失败，是因为放弃耕耘

坚韧是成功者的重要品质。失败者没有这样的品质，只热衷于各种各样的开始，但从来不追求结果，还美其名曰：只求耕耘，不问收获。其实，失败者之所以失败，是因为他在不断放弃耕耘。

成功者绝不会轻易埋怨伙伴

面对失败时，抱怨不能解决问题，关键是发现错误的原因，下一次不犯同样的错误。失败者喜欢怨天尤人，不主动承担责任，因此会失去朋友的支持。成功者会反思，会自责，即使有时也会抱怨，但绝不会轻易埋怨伙伴。

不给自己的思维设置路障

适度的犹豫是理智谨慎，过度的犹豫反导致跌倒。成功者不会给自己的思维设置路障，更不会停止探索的脚步。失败者却经常给自己亮起红灯、

搬来障碍，在犹豫和等待中错失一个又一个的机会。

"工欲善其事，必先利其器。"方法是过河的桥梁，是开锁的钥匙。成功者总是善于利用有效的方法为自己服务；失败者却不注意方法的探求，往往劳而无功。

把所有的"意外"都视为预料之中的事情

成功者由于准备充分，往往会考虑到各种可能性，同时做好各种预案，所有的"意外"都是预料之中的事情；失败者则相反，认为一切的可能都是不可能，在"不可能"出现时惊慌失措，难于应对。

成功者对事物发展的各种可能有充分的思考和应对策略，能主动控制和驾驭局势；失败者则相反，经常处于被动应付的状态。

成功者对自己负责，对自己的行为、信誉负责；失败者只求过得去，只求表面上的成绩，只求暂时的辉煌。

使自己的行为符合目标的方向

成功者一般都严格要求自己，使自己的行为符合目标的方向；失败者却常常放任自己，随波逐流。

当环境的力量难以抗衡时，受环境的支配不可避免。关键是，无论在怎样的环境下，成功者都不会忘记自己的使命，不会放弃自己的追求。他的心，不会受环境支配。成功者首先会适应环境，然后去改变环境，支配环境。

成功者总是乐于助人

在现代社会，没有大家的支持与合作就不可能取得事业上的成功。成功者总是乐于助人，而真诚帮助别人，也会得到别人的帮助。失败者不讲奉献，只求别人给予，所以不可能得到别人的帮助与支持。

善于等待是成功者的重要特征

尽管计划没有变化快，有时需要我们摸着石头过河，但如果没有计划，就无法应对变化。

成功者在行动之前目标已经很清晰，知道自己应该往哪里去，基本知道可能会出现什么问题；失败者却是不管三七二十一，不考虑困难与后果，毫无计划就仓促做了起来。

成功者固然要努力创造机会，但是机会并不是频繁出现，也不是能够随时制造的。有时候，善于等待也是成功者的重要特征。

目中无人往往一事无成

成功者一方面接受自己，悦纳自己，另一方面也会和别人进行各种比较，积极反思，发现自己的不足；失败者往往喜欢用别人的优点来对比自己的缺点，越比越没有信心，或者用别人的缺点来比自己的优点，结果变得目中无人。

成功者善于利用一切可以利用的力量，善于调动一切可以调动的积极因素，他目标远大，人们愿意与他一起前行；失败者却只顾自己个人孤军奋战，遇到挫折时只能独自面对，因此成功的概率就要小得多。

失败者往往说"我不行"

成功者总是能发现自我，通过各种活动展示自我、挖掘自身潜能；失败者往往自己看不起自己，从而自己打倒了自己。失败者往往说"我不行"，成功者往往说"我能行"。

成功者知道，通往成功的道路不可能一帆风顺，只有经过各种考验，成功才更显得珍贵；失败者对待困难缺乏足够的心理准备，不愿意面对各种挑战，遭遇挫折时便畏缩不前。

一分耕耘，一分收获

成功者之所以能够成功，在很大程度上是因为付出更多，工作更努力；相反，失败者往往把希望建立在虚无缥缈的偶然性上。其实，一分耕耘，一分收获，这是世界上最简单的真理。

成功者总是追求与众不同

成功者总是追求与众不同，总是喜欢标新立异，因为成功者知道，没有最好只有更好，特色就是卓越。失败者却喜欢趋同，不愿意鹤立鸡群，因此失去许多机会，最终淹没在茫茫人海之中。

特立独行的人都会遭遇狂风，成功者能够抵挡住风浪，笑到最后。失败者往往无力招架，迅速退缩。成功来自对正确的坚持。

成功者是为自己而活着，按照自己的方式活着，因此不看别人的眼色行事；失败者却不敢树立自己的旗帜，满足于生活的现状，在人群中逐渐丧失自我。

学会等待

成功者知道，光明与黑暗在时间的隧道中是必然的轮回，在黎明时要预料黑暗总会降临，在黑暗时也要坚信黎明就要到来。失败者却容易丧失等待的耐心，在黑暗中痛苦地哀鸣，甚至在黎明到来前放弃了最后的努力。

既要"有所不为"，也要"为所不欲为"

每个立志成才的人都不可缺少"有所不为"的品质。人的精力和时间总是有限的，任欲望的野马奔驰，终将一事无成。

每个立志成才的人都不可缺少"为所不欲为"的品质。环境永远不可能万事俱备，还要和与生俱来的惰性斗争，不去勉力为之，可能永远不知道自己的实力。

边工作，边学习，边思考

成功者总是善于思考，边工作，边学习，边思考，不断地总结工作方法，调整工作节奏。反思是成功者的重要品质。

失败者也忙忙碌碌，辛辛苦苦，可是由于偏离方向，往往南辕北辙，做无用功。

"今天最好！"

明天的情况如何，从根本上讲取决于今天的所作所为，今天做的一切也是为明天做准备。

因此，与其沉溺于对明天的幻想，不如用心让今天充实起来。让我们每一天对着镜子中的自己、对着初升的太阳说一声："今天最好！"

性定而慧，行稳致远

有大才华的人，往往不会恃才自傲，急于表现；有大智慧的人，往往不会心浮气躁，故弄玄虚。大气、沉稳、内敛，不急不躁，从容应对，是那些真正有才华有智慧的人的特点。其实，也正是这些特点，让他们能够比别人想得更深看得更远。智慧的人，往往是能够借鉴他人的错误，使自己少走弯路的人。

从小聪明到大智慧

精明与善良，是很难同时存在的两个特点。精明往往导致斤斤计较。善良通常表现得宽容大度。所以曼德拉说："精明的头脑和善良的心灵往往是个不可思议的组合。"一个人的最高境界，是做事精明、细加推敲，为人善良、谦和宽厚。能这样，意味着小聪明已成大智慧，成为一个了不起的人，就是必然。

良好的品格是人性的最高表现。它不仅是社会的良心，更是一个人行稳致远的基础。

君子和而不同

有人说："和谐，不是 100 个人发出同一种声音，而是当 100 个人发出 100 种不同的声音时，他们同时彼此尊重。"和而不同，这是和谐的最高境界。无论是一个团队，还是一个机构，乃至于一个国家，都需要不同的智慧、思想彼此激荡。集思广益方有大成，尊重不同的意见、不同的声音，本身也是智慧的表现。

放下仇恨才能看清世界

改变黑暗，只需要一束光。人心可以比黑暗更暗，却也可以放射出这束光芒。仇恨是智慧的敌人。放下仇恨才能看清世界。

我们生活在一个彼此依赖的世界里。这是一个需要相互支持彼此合作的时代，靠一己之力成大事的可能越来越小。所以，不要自以为是，不要以为自己无坚不摧，要学会让自己的人生具有弹性，学会与别人分享利益，合作共赢。真正彪悍的人生是谦逊温和的。

乐观是一种心态，与境遇无关

乐观是一种心态，其实与境遇无关。即使一棵小小野草，也会跟着风的方向，歌唱一路的阳光。即使没有希望，也永远不要绝望。

勇气和智慧是成功者的双翼

如果只有智慧而没有勇气，我们往往左顾右盼，不愿冒险，不敢探索，无法踏上人生的坦途。如果只有勇气而缺乏智慧，可能会盲人瞎马，夜半深渊，导致陷入许多危险的境地。所以，有人说："勇者，脚下都是路；智者，知道走哪一条路最好。"勇气和智慧是让人生飞翔的双翼，胆大而心细是处理问题的正道。

思想也要经常锻炼

锻炼思想的有效办法，一是辩论，二是行动。用辩论来锻炼思想，是心与心的交锋，从语言到语言，有时不免沦为文字游戏。用行动来锻炼思想，是把理想付诸现实，是用生命佐证，容不得半点弄虚作假，锻炼后的思想必然有生命力。

懂得"享乐"，知止不殆

车尔尼雪夫斯基说："一个好好地过生活的人，他的时间该分作三部分：劳动、享乐、休息或消遣。享乐也像劳动一样需要休息。"动静结合，劳逸相间，是工作的基本原则，对于提高工作效率，保持良好状态具有重要意义。我们不拒绝"享乐"的生活，但如果沉溺其中而不知停歇，一定会毁了自己。

换位思考并不是要牺牲自我

人之为人，既是个体的人，也身处集体之中。因此，凡事先站在别人的角度去思考，很多问题自然就不再是问题。人与人的矛盾，往往就是名义换位造成的。当然，如果在行动中一味顾及他人的想法，也可能导致丧失自我的主体性，错失良机。所以，在换位思考的同时，也要回归自我，更完整地思考与把握问题。

我所理解的"命运"

人，应该是自己命运的主人。所谓"尽人事，听天命"，不是说生死有命富贵在天，而是说每个人应该尽最大的能力实现自己的生命价值。在事情失败时问自己是否已经尽力，不把责任归于"命"；在事情成功时则可以谦逊地把功劳归于"运"。

无知的两种存在方式

法国思想家蒙田认为："存在着两种无知：粗浅的无知，出现在知识之前；博学的无知，跟随在知识之后。"这两种无知在生活中往往有着相同的表现：鲁莽武断。前者是没有知识的无知，所以"无知者无畏"；后者是拥有知识的无知，过于自信而不知"智者千虑，必有一失"。有时候，博学的无知比粗浅的无知更可怕。

激和逼的作用

政治家曾国藩说过，"天下事无所为而成者极少，有所贪、有所利而成者居其半，有所激、有所逼而成者居其半"。从来就没有未经努力的成功。

不是所有的努力都会成功，成功还需要机遇等条件，但是没有努力就很少能够成功。有些努力来源于内在的动力，有些努力则来源于外在的压力。对缺乏动力的人来说就需要激和逼。

无所依靠未必是坏事

有句话说得很有道理："没有伞的孩子必须努力奔跑。"每个人都是偶然，又是必然。我们来自不同的家庭、不同的地点。有些人有伞，有些人没有伞。有伞未必是好事，没有伞未必是坏事。伞虽然能够为我们遮风挡雨，但也会让我们养尊处优，不再奔跑。没有伞的孩子，只有选择奔跑。在奔跑中成长，在奔跑中成就。

人生贵在体验

除了精神财富，人生其实从来不可能真正地拥有，一切都是过眼烟云、过路财神。所以没有什么不可能失去，也没有什么是真正的得到。不是有人说："无所谓失去，只是经过而已；亦无所谓得到，只是体验罢了。"重要的是我们曾经拥有过、经历过、体验过，重要的是珍惜我们正在拥有、经历和体验的人和事。

"中庸"的智慧

悲剧是把有价值的东西毁灭给人看，喜剧是把无价值的东西撕碎给人看。法国思想家拉布吕耶尔说："用感情生活的人，生命是悲剧；用思想生活的人，生命是喜剧。"只用感情或者只用思想生活，都会失之偏颇。其实，人生最需要的是"中庸"的智慧，是既有感情又有思想的"正剧"。

成熟和天真可以集于一身

有个朋友说:"成熟和天真并不矛盾,成熟是一种生活态度,天真是一种生活方式。"真正的圆润是把成熟和天真完美地结合起来。看透了世态炎凉人情世故,又能够坚守梦想绝不放弃;与人不锱铢必争斤斤计较,又能够温情脉脉真诚待人。既像饱经风霜的老人,又似浪漫无忌的孩童,达到天人合一的境界。

不要把人逼上绝路

瑞利说:"懦夫很可能怕死,但到了绝望的时候,他们也会拿出十二分的勇气。"给人活路,就是给自己留路;把别人逼上绝路,就是把自己带到死路。"置之死地而后生",在战场上没有生路的士兵会不顾一切地拼命,在生活中没有生路的百姓会孤注一掷地争斗。所以,记住永远不要把人逼上绝路。

不要成为别人讨厌的人

罗曼·罗兰说:"你可以独来独往,但不能让人觉得你有敌意;你可以自命清高,但不必使人觉得你瞧不起他们。"人是一种社会的动物,良好的人际关系会让我们感觉更加安全更加温馨。喜欢独处与孤芳自赏都没有关系,关键是要与人为善。我们不一定成为别人非常喜欢的人,但一定不要成为别人非常讨厌的人。

冒险的本义

尼采说:"真正的男人是战士和孩子,作为战士,他渴望冒险;作为孩子，他渴求游戏。"作为战士，冒险不是鲁莽，不是无谓地牺牲，而是大胆地开拓，勇敢地面对。作为孩子，游戏不是玩耍，不是轻松地寻乐，而是具有一颗童心和无拘无束的创造精神。作为男人，冒险就要敢于承担，游戏不能锱铢必争。

权力，并不能阻断友情

朋友高升了，拥有权力了，你却失去了他。这是我们许多人都有的经历。一则是朋友的身份变化了，自己觉得离他更远了，主动拉开了距离；二则是朋友的工作忙了，没有像过去那样充裕的时间与自己交往了。但是，真正的朋友不会因为权力而疏远。

学会判断事物的价值

福泽谕吉说："大凡世间的事物，易得的不足为贵，物品之所以可贵是由于得来不易。"然而，这句话只说对了一半。物品的价值与得到的难易有时不成正比。一般而言，我们对于那些没有花费许多气力得到的宝贵之物往往不够珍惜，对于倾力而为得到的普通之物总是格外珍惜。学会判断事物的价值尤显重要。

知世故而不世故

有人说，逢人只说三分话；也有人说，听话只能信一半。在缺乏信任的社会，这类忠告也许不无道理，但不应该成为我们的人生准则。关键还是学会判断与对方的关系，判断别人的话是否真实诚恳。否则，你虽然不会上当，但也得不到真正的朋友。

唯命是从还是表现自己

有两种人无可救药：一是不服从命令的人，二是唯命是从的人。在团队中，下级服从上级，少数服从多数，是基本的游戏规则。不服从命令，就是违反了这个规则。但唯命是从，对错误的决策不发表自己的意见，也是不负责任的表现。正确的做法是：决定之前不唯命是从，决定以后服从命令。

盛怒之下，慎做决定

富兰克林说："处于盛怒之中的人，驾驭的是一匹疯马。"喜怒哀乐是人之常情。但是，能够控制情绪，是人之本领。在盛怒之下，人往往会失去理智，做出连自己也觉得不可思议的事情。与其事后悔恨无限，莫如事先控制自己的情绪。

友善对待你讨厌的人

做喜欢的事情容易，做不喜欢的事情困难。与喜欢的人相处容易，与不喜欢的人相处困难。所以有人说："友善地对待你讨厌的人，是你成熟的表现。"成大事业者，既要能有所不为，又要能为所不欲为；既要友善地对待你喜欢的人，更要友善地对待你讨厌的人。你讨厌的人不一定帮你成事，但可以坏你的事。

远离争斗圈

有人说："那些与他人争斗者，是因为他们无法平和地对待自己。"所谓平和地对待自己，不是得过且过，不是与世无争，不是消极无为，而是客观地认识自己，正确地制订目标，执着地追寻理想，尽人事听天命，微笑着悦纳自己。与他人争斗者，往往心胸狭隘，不能够换位思考。其实退一步往往海阔天空。

学会用法律保护自己

一位农民工打官司讨薪之后说："法律就是国家铸的一口大钟，你不去敲，它永远不会响。"法律，是社会的契约，是保护公民权益的利器。如果漠视它的存在，它就是一纸空文。许多法律条文，从颁布起从来没有真正发挥作用，就在于我们从来没有去敲它的钟。敲的人多了，钟声就响亮了。

学会心理换位

人与人之间的矛盾，大部分是由于没有心理换位、沟通不畅造成的。亲人之间、同事之间、上下级之间，都是如此。福泽谕吉说："如果不满意别人的工作，最好想想自己干起来又将怎样。"所以，当你准备批评下属时，不妨先站在他的立场思考一下，如果我是他，能够做得更好吗？也许还不如他呢。

以理性的善行对待所有恶

瑞士作家希尔提说："用平静的抵抗，对待所有的恶，才能赢得最漂亮的胜利。"所谓平静的抵抗，可以理解为理性的善行。用恶对付恶，可能会形成更多更大的恶。用善对付恶，就能够把恶控制在最小的范围内。甘地的"非暴力不合作"就是这种态度。在丑恶现象面前采取这种态度，这个世界就会更加美好。

有多少傲慢就有多少愚蠢

有多少傲慢就有多少愚蠢。傲慢与自信是两种不同的态度。傲慢是目空一切的狂妄自大，是恃才傲物的旁若无人。自信则是建立在虚心涵泳的基础上，是对未来、对自己的根本信任。信心使人自强，而对人的傲慢和对知识的傲慢只能够使人止步不前。

宽容别人，是给自己留出空间

人生有许多无奈。要学会在无奈中有为，在夹缝中生存，为自己寻找最大的发展空间。

而宽容别人，不仅是给别人留出空间，更是给自己的成长留出空间。

不过分藏拙，不过分卖弄

中国人喜欢藏拙而讨厌卖弄。藏拙是不弄出什么动静，悄悄做自己的事情。这样缺点就不会轻易被人看见。卖弄是故意展示自己的才华，结果往往露出破绽，把自己的弱点也一并暴露出来。过分藏拙与卖弄都不利于自己的发展。

与人方便，自己方便

有人说："人在阻挡别人前进的同时，经常也断了自己的后路。"大路朝天各走半边。与别人一起前行，才有可能真正地超越别人。企图阻拦别人前行的脚步，最后只能是挡住了自己的后路。为别人留下道路，就是为自己留下后路。为别人开路，就是为自己带路。

99%的对立是因为沟通不畅

曼德拉说:"要想与敌人求和平,就需与敌人合作,然后他就会变成你的伙伴。"这句话不仅是政治家的谋略,换个角度理解,也是凡人的处世箴言。生活中99%的对立是因为沟通不畅。人与人的交流非常重要,把想法平和地说出来,互相倾诉认真倾听,最终消除误会,才能达到和谐。同时收获友情与工作,才是双赢。

以关心赢得关心

巴菲特在演讲中回答大学生问题时说:"衡量自己成功的标准就是有多少人在真正关心你、爱你。"金钱、权力、名声可能会给我们带来暂时的风光与荣耀,但不能够为我们带来真正的幸福,这是包括巴菲特在内的许多人的经验之谈。所以,学会关心别人,传递温暖,才能够得到关心和温暖。

不要靠打压别人来抬高自己

强者,不是靠压制别人而显山露水,而是靠帮助别人而令人心悦诚服。靠把人压下而成为所谓的"强者",是靠"权"得到的"威",并不能真正赢得大家的信任和尊重。靠将人举起而成为所谓的"强者",是靠"才"得到的"威",自然得到大家的尊崇和敬爱。

兼容并包,以人为镜

承认别人的长处,尊重别人的优点,就会激励自己不断向别人学习;原谅别人的错误,理解别人的缺点,就会提醒自己不要犯同样的错误。这就是古人说的"以人为镜"。这样的人,在生活中就会表现出大度、宽容、厚道。

为何要凝聚共识

道不同不相为谋。虽然做一个大事业需要凝聚方方面面的人才，团结一切可以团结的力量，但是，寻找"尺码"相同的人，凝聚具有共同的理想和价值观的人，才能够求大同而存小异，才能够为大局而舍私利，才能够齐心协力创造真正的人间奇迹。如冯骥才所说，"我们的半径相等，才能画出一个共同又完美的圆"。

参考文献

[1] 爱因斯坦. 爱因斯坦论科学与教育 [M]. 许良英, 等译. 北京: 商务印书馆, 2016.

[2] 柏拉图. 柏拉图全集 [M]. 北京: 人民出版社, 2017.

[3] 杜威. 杜威全集 [M]. 上海: 华东师范大学出版社, 2015.

[4] 方勇. 孟子 [M]. 北京: 中华书局, 2010.

[5] 丰子恺. 丰子恺全集 [M]. 北京: 海豚出版社, 2016.

[6] 高尔基. 高尔基文集 [M]. 巴金, 等译. 北京: 人民文学出版社, 2015.

[7] 黑格尔. 黑格尔全集 [M]. 北京: 商务印书馆, 2012.

[8] 胡平生, 张萌. 礼记 [M]. 北京: 中华书局, 2017.

[9] 加缪. 加缪全集 [M]. 柳鸣九, 等译. 上海: 译林出版社, 2018.

[10] 昆德拉. 不能承受的生命之轻 [M]. 许钧, 译. 上海: 上海译文出版社, 2022.

[11] 昆德拉. 被背叛的遗嘱 [M]. 余中先, 译. 上海: 上海译文出版社, 2022.

[12] 卢梭. 卢梭全集 [M]. 北京: 商务印书馆, 2012.

[13] 罗兰. 罗曼·罗兰文集 [M]. 北京: 人民文学出版社, 2019.

[14] 梅贻琦. 中国的大学 [M]. 北京: 北京理工大学出版社, 2012.

[15] 尼采. 尼采全集 [M]. 北京: 中国人民大学出版社, 2011.

[16] 培根. 培根论说文集 [M]. 乌尔沁, 译. 上海: 译林出版社, 2012.

[17] 荣格. 荣格文集 [M]. 长春: 长春出版社. 2014.

[18] 王蒙. 王蒙文集 [M]. 北京: 人民文学出版社, 2020.

[19] 星云大师. 献给旅行者365日 [M]. 北京: 人民出版社, 2015.

[20] 周希陶. 增广贤文 [M]. 南京: 江苏凤凰美术出版社, 2015.

[21] 朱熹. 朱子全书 [M]. 上海: 上海古籍出版社, 2002.

[22] 唐诺. 阅读的故事 [M]. 上海: 上海人民出版社, 2010.

[23] 朱永新. 新教育实验: 中国教育改革的民间样本 [M]. 北京: 中国人民大学出版

社，2019.

[24] 朱永新. 新家庭教育论纲 [M]. 长沙：湖南教育出版社，2020.

[25] 朱永新. 新科学教育论纲 [M]. 北京：化学工业出版社，2019.

[26] 朱永新. 造就中国人：阅读与国民教育 [M]. 深圳：海天出版社，2019.

[27] 朱永新. 儿童有一种未知的力量 [M]. 长沙：湖南教育出版社，2018.

[28] 朱永新. 我的阅读观 [M]. 桂林：漓江出版社，2022.

[29] 朱永新. 中国新教育 [M]. 北京：中国人民大学出版社，2012.

[30] 朱永新. 新教育 [M]. 桂林：漓江出版社，2014.

[31] 朱永新. 生活与教育：朱永新对话陶行知 [M]. 北京：商务印书馆，2021.

[32] 朱永新. 教育，从看见孩子开始 [M]. 青岛：青岛出版社，2021.

[33] 朱永新. 每朵乌云背后都有阳光：朱永新自选集 [M]. 北京：人民文学出版社，2021.

[34] 朱永新，麦克法兰. 教育的对白：朱永新对话麦克法兰 [M]. 武汉：长江文艺出版社，2020.

[35] 朱永新. 朱永新教育演讲录：创新教育才能创造未来 [M]. 北京：人民教育出版社，2018.

[36] 朱永新. 梦想因阅读而生：朱永新阅读感悟 [M]. 北京：商务印书馆，2017.

[37] 朱永新. 让孩子创造自己：朱永新教育感悟 [M]. 北京：商务印书馆，2017.

[38] 朱永新. 人生没有最高峰：朱永新人生感悟 [M]. 北京：商务印书馆，2017.

[39] 朱永新. 朱永新说教育 [M]. 青岛：青岛出版社，2017.

[40] 朱永新. 朱永新教育小语 [M]. 福州：福建教育出版社，2013.

[41] 朱永新. 蒙台梭利教育箴言 [M]. 北京：中国人民大学出版社，2016.

[42] 朱永新. 苏霍姆林斯基教育箴言 [M]. 北京：教育科学出版社，2016.

[43] 朱永新. 中国教育改革大系：10卷本 [M]. 武汉：湖北教育出版社，2015.

[44] 朱永新. 叶圣陶教育箴言 [M]. 福州：福建教育出版社，2013.

[45] 朱永新. 陶行知教育箴言 [M]. 福州：福建教育出版社，2013.

[46] 朱永新. 教师最喜欢的教育名言 [M]. 福州：福建教育出版社，2013.

主题索引

A

爱因斯坦　059、216 页

B

柏拉图　179、210 页

帮助者　025 页

榜样　014、039、041、045、046、047、124、141、144、173、178 页

毕加索　023 页

表率　041 页

C

成功者　005、032、107、184、199、227、231、232、233、234、235、236、238 页

诚实　005 页

崇高　004、011、029、178 页

创造力　008、024、025、066、140、163、230 页

D

道德长跑　070 页

底气　013、106 页

底色　004、117、118、148 页

底线　014、198、224 页

第一榜样　039 页

第一基础　002 页

第一生产力　002 页

杜威　018、119、130、143 页

F

反省　045、195 页

放手　020、027、071、120 页

分数　004、007、008、019、025、032、054、065、091、145 页

奋斗　178、183、190、219 页

丰子恺　220 页

G

感恩　107、108、121、123、131、224 页

高尔基　049、222 页

个性发展　011 页

根本书籍　115、168、250 页

共读　096、130、131、133、149、158、160、161、166、168、169、170、171、172 页

共写　013、017、096、149、166 页

观察家　041 页

H

好奇心　022、046、048、054、065、079、082、117、119、124、133、212、214、215 页

好校长　035、038 页

好学校　035、038 页

合作　005、011、017、042、091、121、169、222、233、237、244、246 页

黑格尔　207、208 页

唤醒　007、066、079、102、110、122、132、163 页

黄宗羲　195 页

J

家校共育　090、091 页

减负　032 页

建设　010、011、017、020、158、160、164 页

健康　004、019、021、027、029、049、056、080、090、094、147、161、172 页

教室　011、015、017、033、034、055、093、143 页

教育的常识　003 页

教育家　012、037、074、122、128、130、143、146、184 页

教育生活　009、010、012、014、015、030、031、145 页

精神发育史　096 页

精神家园　011、096、105、160、163 页

精神侏儒　005 页

K

考试　007、025、044、057、091、137、167 页

孔子　221 页

L

李贽　023 页

理想主义者　010、176 页

理智　067、076、119、232、243 页

林语堂　102、104、151 页

灵感　183、201 页

卢梭　002、067、199、225 页

罗曼·罗兰　176、193、241 页

M

梅贻琦　035 页

每朵乌云背后都有阳光　190 页

美感　004 页

魅力　008、015、053、156、165 页

蒙台梭利　022、024、027、047、054、055、056、057、061、062、063、064、065、075、077、080、082、083、087、088、119、120 页

孟子　204 页

米兰·昆德拉　060、103、180 页

模仿家　041 页

N

耐心　042、054、059、063、065、074、075、081、093、106、107、154、189、194、235 页

P

陪伴　045、049、050、052、053、056、057、074、076、113、214 页

培根　039、204、225 页

偏科　069 页

品德　007、065、147 页

品格　021、023、045、065、094、193、221、237 页

平等　004、019、021、023、037、049、052、081、106、113、222 页

Q

奇迹　016、027、064、100、112、113、173、180、247 页

启蒙　003、142 页

潜力　011、025、074、081、137、179 页

潜能　003、007、032、036、041、060、062、073、093、181、187、201、234 页

青春　105 页

情感　007、012、013、015、016、023、027、050、052、062、071、076、088、108、110、116、117、132、135、215、227、229 页

情绪　071、077、134、196、197、216、227、228、243 页

权威　050、051 页

R

人的学问　003 页

人格　002、007、012、021、031、041、043、044、049、056、065、075、084、087、090、115、124、147、222 页

人性　002、003、004、009、011、040、062、067、071、115、192、237 页

荣格　074 页

软暴力　049 页

S

生存　003、011、036、061、159、202、245 页

诗意　004、015、031 页

实践　012、013、017、026、074、075、103、110、142、152 页

使命　003、016、029、030、032、035、036、148、180、181、187、194、196、205、207、233、252 页

试错　020、111 页

书香社会　158 页

T

态度　016、043、087、115、139、146、147、174、196、197、211、226、229、230、231、232、241、244、245 页

特色　011、016、037、235 页

特长　007、036、037、040、060、094 页

体罚　016、020、055 页

天性　026、040、054、063、188、221 页

田野　010、011 页

童心　004、020、022、023、024、040、041、042、062、067、091、242 页

童眼　024、071 页

童谣　082、127 页

W

王蒙　108、155 页

威信　036、051 页

温度　015、045、134、203 页

文化　003、006、013、014、016、037、114、120、126、132、144、150、158、160、162、163、165、166、169 页

X

心理需求　025 页

欣赏者　025、057 页

新教育实验　010、011、014、016、149、170 页

信仰　011、016、033、102、158、160、163、169、202、212、216、217 页

星云大师　195 页

行动力　062 页

性格　016、053、074、081、092、134 页

Y

眼界决定境界　223 页

养育　042、046、082 页

叶圣陶　103、118、139、142 页

遗传　004、046、135、136、159 页

意志力　062、063 页

游戏　018、020、054、056、059、068、082、090、092、133、238、242、243 页

元典　114 页

Z

赞许　027 页

责任感　002、032 页

职业教育　005 页

中国教育　010、037 页

周恩来　157 页

朱熹　116 页

注意力　063、064 页

专业写作　012、148 页

专注　005、026、063、069、109、121、192 页

自律　076 页

自尊心　019、020、023、223 页

尊重　019、020 页

后　记

2002年，教育在线网站开张后，为了聚集人气，吸引教师参与，我开设了"朱永新教育小品"专栏，先后发表了《教育，我的最爱》《朱永新成功保险公司开业启事》等短文，受到了一线老师的欢迎。

2003年，网友"言者"和"干干"合作，建了一个名为"干干歪读朱永新小语"的专帖。由言者每天从我的文章中选取一句话作为"小语"，然后由干干点评，或补充解释，或借题发挥。比如从我的文章中选了一句"应试教育只有一个英雄，新教育实验让每个人都成为英雄"，干干解读为"改变的不是英雄的数量，而是英雄观——橡树结出橡子是英雄，小草覆盖大地是英雄"。干干的"歪读"不仅一下子让许多网友认识了这位颇有思想的教育"和尚"，也让我的教育小语受到了更多关注。

2004年，江苏省苏州市一位年轻教师费建妹从我的著作、文章以及网友的帖子中选出了267条教育小语，以"朱永新教育小语集锦"为题专帖发布。她在说明中提出：朱老师的"小语"虽小，但内涵极其丰富，很值得每一位教育工作者细细品味。

就这样，很快就有出版社希望出版《朱永新教育小语》。可我一直对"语录"有敬畏之感，对自己出这样的"语录"更是心怀恐惧。后来虽然不断有出版社向我提出此类合作，虽然也看到许多此类小书，无论装帧、内容都品质不俗，但也只是由衷欣赏，再无他念。

直到一件事情改变了我的看法。

2012年两会期间，我把新出版的16卷"朱永新教育作品"送给冯骥才先生。他认真地说："永新，16卷我是没有时间看完的。能不能把你的思想用一本小书，甚至是语录体的小书，整理出版呢？这对于传播新教育可能更有价值。"

我幡然醒悟，当时就下决心找时间做这件事。

2012年，业余时间读了不少书，基本通读了25卷的《叶圣陶集》和5卷本的《苏霍姆林斯基选集》，并将其中的精彩文字，用每日"新父母晨诵"的方式与网友分享。吴法源兄见到以后，马上约我编选《叶圣陶教育箴言》和《苏霍姆林斯基教育箴言》。

2013年初，我们在讨论这几本书的方案时，法源建议，干脆朱老师你自己也出一本吧！我岂敢与大师并列？立即婉言谢绝了他的好意。直到当晚进行编选工作时，想起了冯骥才先生的叮咛，觉得还是有必要整理这样一本格言体的小书。当然不敢自命"箴言"，还是用"朱永新教育小语"做书名更合适。

如果读陶行知、苏霍姆林斯基是与大师对话，是享受精神盛宴的话，读我的小语，只是与邻居家的大哥交谈，是茶余的小点心而已。

没有想到，《朱永新教育小语》出版后受到了广泛好评，先后多次加印，外研社很快出版了中英文对照版，接着先后出版了韩文版（韩文，中、英、韩对照，韩国耕智出版社，2015）、尼泊尔语版（尼泊尔现代出版社，2018）、乌克兰语版（乌克兰赫维提卡出版社，2019）、希伯来语版（以色列 Laviph 出版社，2019）、德文版（德国 Averroes Bookshop，2019）、柬埔寨文版（柬埔寨高棉出版社，2020）、罗马尼亚文版（中罗对照，罗马尼亚 Corint Books，2020）、马来语版（新加坡 Goarabic SDH. BHD，2020）、哈萨克文版（哈萨克斯坦 Al-Farabi Kazakh National University Press，2020）、越南文版（越南作家协会出版社，2020）、阿尔巴尼亚语版（阿尔巴尼亚 Fan Noli，2021）、乌兹别克语版（乌兹别克 Oltin Media Company，2021）、土耳其语版（土耳其 Akdem publishing，2021）等十多个版本。

在《朱永新教育小语》出版后不久，著名出版人、智慧熊的创办者杨文忠先生找到我，表示非常喜欢《朱永新教育小语》的风格，希望出版一套分类的小语。经过两年多的整理，分别以《让孩子创造自己：朱永新教育感悟》《梦想因阅读而生：朱永新阅读感悟》和《人生没有最高峰：朱永新人生感悟》为题，由商务印书馆出版。我为这套书撰写了自序《慢的文字，安静的心》。我在这套书的自序中写道：

> 有人说，这是一个碎片化的时代。微博是碎片化时代的产物。
>
> 其实，我认为，无论是对于作者还是读者，文字的长短不应该成为衡量其是否碎片化，是否有价值的标准。更重要的是，这些文字是否经过了思想的锻造。
>
> 从 2010 年 2 月 23 日在新浪微博发布第一条微博，到今天（2016 年 12 月 14 日）早晨，近 7 年的时间里，我已经发表了 15917 条微博。
>
> 2010 年 10 月 9 日，为了便于和一直活跃在腾讯微博上的新教育一线教师交流，我又选择了他们常用的腾讯微博，至今在腾讯微博上发表了 18322 条微博。新浪、腾讯、人民微博粉丝，加起来近 1000 万人。如果按照每天 1000 字来计算，总字数也超过了 200 万。仅仅每天发布的《新父母晨诵》栏目，阅读和转发的人次早已超过了 1 亿。
>
> 除《新父母晨诵》栏目外，在微博上，我常设的栏目还有《一言难忘》（每天就自己最喜爱的一句话进行解读）、《童书过眼录》（每天推荐介绍一本自己读过的儿童书籍）、《书香中国》（介绍全民阅读及国内外的阅读经验等）、《建言谋策》（对国家的文化教育等问题提出建议）等。
>
> 每天清晨，是城市最安静的时候，也是我阅读和写作的固定时间。我时常也会自觉地警示和提醒自己：这是一个碎片化的时代，你要安静下来，你要慢下来。
>
> 当然，不等于所有慢的文字都是好文字，也不等于所有快的文字都是不好的文字。我的幸运，在于我这一生所有的工作都与教育有着不可分割的联系。但是毕竟事务繁忙，没有整块的时间读书写作。所以，十几年前，我把自己的书房取名"滴石斋"，就是想借此勉励自己注重日常的点滴积累，不断充实和完善自己，不断有新的思考、新的

发现。这些年中，选择了用微博这样的形式，坚持记录自己读书和思考的历程，也是同样的缘由。

米兰·昆德拉曾经说过："文字是慢的历史，真正的文学不是为了使我们生活得更快，而是为了使生活中的慢不致失传。"是的，这是一个崇尚快节奏的时代，因此我们自然就会少了许多悠然，许多精致，许多精品。文字是慢的历史，优美深邃的文字能够让我们的灵魂安静。无论是创造和欣赏，都需要慢的功夫。

这套书摘录自我10多年在微博里创作的内容，写作过程堪称慢。

希望这些文字经得起读者朋友的慢读，细品，静思。

愿我们都能由此慢慢成长。

现在的这本《做一个行动的理想主义者——新教育小语》，就是由以上四本书为基础编辑而成的。这次成书时围绕本书的主题做了比较大的修订，同时增加了主题索引、参考文献。

这本书的出版，首先要感谢吴法源先生和杨文忠先生，没有他们的鼓励，那四本小语不可能与读者见面。同时也要感谢漓江出版社的文龙玉老师和她的团队，他们的工作效率和敬业精神给我留下了深刻印象。同时，要感谢我的学生葛存根先生，他在忙碌的工作之余，协助我整理了书稿，贡献良多。

智者千虑，必有一失；愚者千虑，必有一得。一直走在教育的路上，如果我这沿途所得能够让你也有一点收获，我也就心满意足了。

2023年春节写于北京滴石斋

"朱永新教育作品"后记

10年前,我的"朱永新教育作品"16卷由中国人民大学出版社出版。

不久,这套文集就被麦格劳-希尔教育出版集团引进英文版版权,陆续出版发行。迄今为止,我的著作已经被翻译为28种语言,在不同国家有87种文本。

在版权到期之后,多家出版社希望重新出版这套文集。最后,漓江出版社的诚意感动了我。

长期以来,漓江出版社的文龙玉老师一直关注和支持新教育事业,《新教育实验年鉴》以及一批新教育人的作品都先后在漓江出版社出版,文老师也先后担任了我的《新教育》《教育如此美丽》《我的教育理想》《我的阅读观》《致教师》等书的责任编辑。这套文集在漓江出版社出版,也就成了顺理成章的事情。

这套"朱永新教育作品"沿用了中国人民大学出版社的文集名称和南怀瑾先生的题签。主要是想借重新出版之际,感谢南怀瑾先生对我的帮助和关心。在苏州担任副市长期间,我曾经多次去太湖大学堂与南怀瑾先生见面交流,请教教育、文化与社会问题。先生的大智慧经常让我茅塞顿开。

新的"朱永新教育作品"虽然沿用了原来的名称,但是内容还是有许多不同。原来的16卷,大部分都进行了不同程度的修订,其中一半是重新选编。全套作品按照内容分为四个系列。

一是教育理论系列,包括《滥觞与辉煌——中国古代教育思想的成就与贡献》《沟通与融合——中国近现代教育思想的起源与发展》《嬗变与建构——中国当代教育思想的传承与超越》《心灵的轨迹——中国本土心理学思想研究》《校园里的守望者——教育心理学论稿》五种。

二是新教育实验系列，包括《新教育实验——中国民间教育改革的样本》《做一个行动的理想主义者——新教育小语》《为中国而教——新教育演讲录》《为中国教育探路——新教育实验二十年》《享受教育——新教育随笔选》五种。

三是我的教育观系列，包括《我的教育理想——让生命幸福完整》《我的教师观——做学生生命的贵人》《我的学校观——走向学习中心》《我的家教观——好关系才有好教育》《我的阅读观——改变从阅读开始》《我的写作观——写作创造美好生活》六种。

四是教育观察与评论系列，包括《教育如此美丽——中国教育观察》《寻找教育的风景——外国教育观察》《成长与超越——当代中国教育评论》《春天的约会——给中国教育的建议》四种。

虽然都是现成的文字，但是整理文集却颇费时间。几年来的业余时间和节假日，大部分都用于这项工作。好在，我所在的中国民主促进会是一个以教育、文化、出版传媒为主界别的参政党，60%的会员来自教育界，无论是调查研究、参政议政，教育一直是我们的主阵地，本职工作与业余的教育研究不仅没有矛盾，反而相辅相成。

感谢漓江出版社的文龙玉老师和她的团队认真细致和卓有成效的工作。

2022 年 10 月 17 日